U0927197

大武汉故事丛书

总主编 涂文学 别道玉

武汉东湖故事

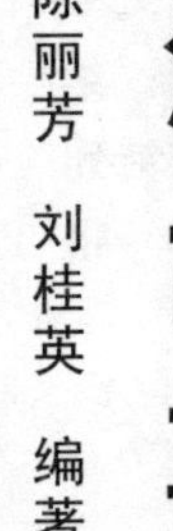

陈丽芳 刘桂英 编著

长江出版社

图书在版编目(CIP)数据

武汉东湖故事/陈丽芳,刘桂英编著.—武汉:长江出版社,2015.9

ISBN 978-7-5492-3750-0

Ⅰ.①武… Ⅱ.①陈…②刘… Ⅲ.①湖泊—介绍—武汉市 Ⅳ.①K928.43

中国版本图书馆CIP数据核字(2015)第232282号

总 主 编 涂文学 别道玉

副总主编 邓正兵 肖德才

本 册 编 武汉市档案馆

出版策划 别道玉 赵 冕 肖德才

编 辑 张 琼 胡紫妍

武汉东湖故事 陈丽芳 刘桂英 编著

责任编辑:王秀忠

装帧设计:刘斯佳

出版发行:长江出版社

地 址:武汉市解放大道1863号 邮 编:430010

E-mail:cjpub@vip.sina.com

电 话:(027)82927763(总编室)

(027)82926806(市场营销部)

经 销:各地新华书店

印 刷:武汉科源印刷设计有限公司

规 格:787mm×1092mm 1/32 5.25印张 102千字

版 次:2015年9月第1版 2015年9月第1次印刷

ISBN 978-7-5492-3750-0

定 价:15.00元

总 序

涂文学

历史是一幅色彩斑斓、五彩缤纷的生动画卷，而故事则是组成其间的一个个生动细节描述。因为故事，历史显得如此生动，因为故事，历史永葆青春活力。中国传统历史记叙中就一直有“叙事”的传统，无论是被鲁迅誉为“史家之绝唱，无韵之离骚”的皇皇巨著——《史记》，还是被梁启超称为“天地一大文也”的洋洋万言——《资治通鉴》，其叙事详明、脉络清晰、网罗宏大、繁简得宜，无一不凸显了其讲故事的高明，也因此奠定了他们在中国文学史上的重要地位。当下，在历史研究领域正兴起的“社会史”、“生活史”等学术新潮，某种程度上可说是对这一叙事传统的回归和升华，其研究更侧重于社会生活领域的衣食住行等日常行为，更关注于普通人群的喜怒哀乐。长江出版社此次编纂出版的《大武汉故事丛书》可说是对中国传统历史叙事和当下历史研究前沿的一次极富意义的回应。

美国著名历史学家刘易斯·芒福德曾言：“城市是文

化的容器。”换言之，城市并不是冰冷的生硬的钢铁丛林，而是有血有肉有灵魂有自我的生命有机体。如果说一个城市的纵向发展构成了其自身的骨架，那么城市所独有的一个个故事则是充斥其间的血肉经脉。正是因为这些故事，城市才变得丰满而具体，感性而优雅。在中国如此众多的城市中，唯有“武汉”和“上海”能冠之以“大”。正因如此，在大武汉这方热土中，产生了多少可歌可泣、悲喜交集的故事传奇。从 3500 年前盘龙城来无踪去无影的崛起与消失，到 1700 年多年前夏口、鲁山、卻月三城的修筑，从大禹疏江导汉演绎“江汉朝宗”的神话传说到关羽洗马长街卓刀成泉的英雄传奇，从徐寿辉天完政权的昙花一现到太平军三克武昌的惨烈战事，从“十里风樯依市立，万家灯火彻宵明”的“四大名镇”到“缔造多从江汉起，登临不觉亚欧遥”的“东方芝加哥”，从“修合虽无人见，存心自有天知”的国药世家叶开泰到“都督创造了民国，我创造了汉口”的“地皮大王”刘歆生，从伯牙摔琴谢知音的千古绝唱到屈原行吟东湖泽畔的不朽篇章，从崔颢“晴川历历汉阳树，芳草萋萋鹦鹉洲”的“七律之首”到李白“黄鹤楼中吹玉笛，江城五月落梅花”的魂牵梦萦，从武钢“一米七轧机”的战略引进到汉正街小商品市场的首开先河，从东风下山落户武汉到“光谷提案”建设创新高地，一个

个故事串起了武汉发展的历史脉络，一页页篇章写就了武汉的鸿篇巨制。故事改变着武汉，故事影响着武汉，故事成就了武汉。

今天，我们讲大武汉故事，是对古代讲故事文化的传承与发扬。通过讲大武汉的“盘龙古城”“天下四聚”“四大名镇”“东方芝加哥”等故事，记录城市绚烂历史，传承城市美好记忆；通过讲大武汉在明清、晚清和新中国曾经有过的三次辉煌，揭示武汉崛起的奥秘，读史明智，鉴往知今，从而开启城市光辉的未来；通过讲大武汉的江汉朝宗、晴川历历、白云黄鹤、灵山秀水，让更多的市民尤其是青少年了解武汉、爱上武汉，增强对自己居住的这座城市的自豪感和家园感。总之，通过讲大武汉故事，去描绘城市之美，展示城市之变，启迪城市之思，从而传播武汉声音，弘扬武汉精神。

在《大武汉故事丛书》的众多作者中，或是土生土长的老武汉，或是20世纪八九十年代的“新移民”；或为历史专业研究者，或为武汉本土历史的爱好者和发烧友。正因如此，这套丛书呈现出不同于其他有关武汉研究书籍的一些特色。其一，这是武汉人讲武汉自己城市的故事。故事里写就的是武汉的兴衰荣辱，故事里描绘的是武汉的风云变幻，故事里既有武汉古老、沧桑的“从前”，更有

武汉鲜活、灵动的“今生”。他们了解武汉,熟知武汉,热爱武汉。识得武汉真面目,只缘身在此城中,作者们的笔端充溢着对这座城市的大爱之情，字里行间传递着对这座城市未来的深刻期待。这些都能让听故事的读者产生强烈共鸣,共同记忆武汉峥嵘往昔,共同感知武汉本土文化,从而产生深刻的心灵互动和价值认同。其二,这是用武汉话讲武汉的故事。《大武汉故事丛书》编纂旨趣意在通过讲故事彰显武汉城市的“地方性”,因此,这将是一部充满浓郁“汉味”“汉腔”的武汉文史读物。读者从书中将会看到三镇鼎立两江汇、大江大湖大武汉的独特的城市风景,感受到武汉人豪放劲朗、趋新尚变、敢为人先的鲜明个性,体会到武汉开放包容、崇实尚利、浪漫时尚的汉韵楚风。

多年前,我在为《武汉史话丛书》撰写编撰缘起时,曾言:“城市历史的记忆材料不仅仅是一种读物,它还是城市精神的重要载体。透过它,人们能触摸城市往昔和现在的心跳,与城市进行超越时空的精神对话。在这种神交式的精神对话中找到重塑现代城市精神的原点,开拓城市新的美好的未来!”愿《大武汉故事丛书》能为传承城市记忆、传播城市本土文化价值观、重塑城市精神尽绵薄之力!

是为序。

乙未秋月于后官湖畔之自在心舍

前言

东湖是大自然赐给武汉的明珠，也是大自然赐给人类的瑰宝。它有自己独特的生成机制，生态机制，自然肌理、文化个性和独特价值。

自然天成的东湖，在远古时期，并不独立。

那时，整个长江南岸的湖泊面积广大，江和湖互相联通，也无人工堤防防御水患。每年夏季长江涨水，或春天水势稍大，江南便至漫淹，江水将沙湖东湖等诸多湖泊连成一片，自江岸直抵磨山一带，一片汪洋。

100多年前，清张之洞修筑武青（武昌至青山）大堤，将原本连通的东湖、沙湖及白羊湖断开，白羊湖淤积成小港，东湖与沙湖才逐步分离，自成独立体系。

自成独立体系后，才逐步演变形成今天以东湖湖泊水景为主体的东湖生态风景区。

从空中看，东湖似一个巨大的三角形，顶角朝北，底边在南，纵8.1千米，横11.3千米，方圆33平方千米，

为杭州西湖的6倍。在都市之中有如此之大的湖泊，不仅国内少见，国外也不多见。良好的的生态环境，直接影响着武汉地区空气质量、环境绿化、人口生活、城市布局等多方面。33平方千米浩瀚湖域，星罗棋布的120多个岛渚，环湖周边的34座山峰，1万多亩森林以及广袤的湖区湿地，对改善城市空气质量、水资源集纳净化以及生物多样性，起着至关重要的作用，也调节着武汉城区的小气候，维护着城市的生态平衡。

如此博大的襟怀，自然景观可圈可点之处颇多，古迹、掌故、传说、神话在风景区中俯拾可得。

古往今来，多少文人墨客为她倾倒。

因为她的自然天成、浪漫轻灵，二千多年前，屈原徜徉在碧波浩淼的东湖之滨时，留下了这样的诗句："乘鄂渚而反顾兮，欸秋冬之绪风。"

因为她的湖光山水、原生野趣，800多年前南宋文人袁说友留下了"一围烟浪六十里，几队寒鸦千百雏。野木迢迢遮去雁，渔舟点点映飞乌"的诗句。

因为她的忧国尚武，浩大阳刚，一代伟人毛泽东更对东湖情有独钟，东湖是他除了中南海外居住时间最长的地方，在漫步湖边运筹帷幄之余，他还动情地说："东湖真好。"

因为她的秀美天然，民国初任桐编《沙湖志》，将天然美韵的东湖介绍给世人。时人皆曰：东湖“山水秀丽，迥无伦比，绝未粉饰，一任天然”。

于是世人纷至，围绕东湖，陆续建成一些私家园林，其中的代表当为周苍柏创建的“海光农圃”。

抗日战争胜利后不久，当时的国民党武汉政府就曾拟建东湖公园，在 1947 年 7 月印发的《武汉三镇交通系统土地使用计划纲要》中设想：“而市外最大之公园，将为东湖公园，以供市民星期假日游览之需。在沙湖与东湖之间，将开凿一短程之运河，俾游览者乘舟可以直达。”后来由于战乱和经费等的制约，此设想仅只停留在纸上，未能付诸实施。

1949 年底，周苍柏将其经营的“海光农圃”无偿捐献给中国共产党建立的新中国，使之真正成为人民大众的公园。中南军政委员会将其相继定名为东湖公园、东湖风景区，开始对东湖进行全方位大规模的规划与建设，东湖风景区进入一个全新的里程。

经过半个多世纪几代人的努力，一个以自然风光为主，富有人文底蕴的东湖已经呈现在世人面前。

东湖的价值不仅表现为独具特色的自然生态功能，底蕴丰厚的人文历史，更表现为独特的科技资源效益，

这是在全国绝无仅有的。

东湖景区的博大，不仅仅是自然意义上的，这里还是一个知识密集区，也是国内仅次于京沪地区的著名高科技密集园区。湖滨的珞珈山上，坐落着具有百年历史的武汉大学，一组组气势恢宏的古典风格的建筑物，掩映在茂密的丛林之中，微风滑过，香飘阵阵，素有小清华之称的华中科技大学，位于东湖南岸，与武汉体育学院等诸多高等院校连成一片，形成一个规模宏伟的大学城。中科院水生物所、磨山植物园以及几家著名的新闻出版机构、湖北省博物馆等，都分布于东湖之滨。雄厚的社会资源，众多的政治精英、学术大师、文化名家、科技人才集中于此，具有广泛的世界影响。全国最大的高新技术产业开发区之一——东湖新技术开发区也与东湖相依，可谓物华天宝，地灵人杰。武汉火车站、华中电网、武汉·中国光谷等一批战略产业，在区域经济中发挥着重要的龙头带动作用。

武汉作为我国中部崛起的龙头城市和“两型社会”建设综合试验区，从发展趋势看，未来的武汉必须向建设生态环境美好、具有较高竞争力、更加可持续发展的世界现代化城市发力。实现这一宏伟战略目标，东湖风景区的地位至关重要。

自古以来，凡到东湖之人，总是情不自禁地把东湖与西湖相比。远有袁说友的“只说西湖在帝都，武昌新又说东湖”，近有朱德委员长的“东湖暂让西湖好，今后更比西湖强”。也许是故乡的缘故，抑或是敝帚自珍，我们总认为东湖毫不逊色于西湖。正如《沙湖志》所言，东湖“景物之美，不减西湖，而天然韵致有过之无不及”。东湖之美，美在天然，韵在天然。“山水秀丽，迥无伦比，绝未粉饰，一任天然，殆始村姑之乱头粗服，别饶风致也。”

与杨铎杨闻泉有同感的大有人在，更有甚者，“喻西湖为名妓，斯湖为闺秀”。认为“西湖负郭而居有如风尘美人，故亲之者较易，而享名也独早”。东湖“以港深藏而不露，不啻大家闺阁之不欲轻示人以色相也者”。

其实，东湖有她自己的建设之路。

东湖之美，美在自然天成、浪漫轻灵的天然禀赋。

东湖之美，美在湖光山水、原生野趣的生态优势。

东湖之美，美在忧国尚武，浩大阳刚的文化个性。

正如最新一轮东湖总体规划中“东湖风景区文化建设”所设想的那样：去“西湖化”，去“园林化”，去“楚文化”。涤除掉与东湖文化不相干的那些文化因子，还

它一片浪漫清净的自然山水……要把东湖建设成独一无二的、全世界都喜爱的国际性风景区，东湖就是它自己，模仿就会失去品牌，失去价值”。这种构筑不仅有利于重新发现东湖的本来之美，也契合了在工业化、城市化带来生活的快节奏时代，人们渴望回归自然，一洗尘世之喧嚣，获得片刻之内心宁静的身心需求。

然而，长期以来，东湖的自然之美、人文之旺却传播不广，其丰富的历史文化底蕴，更是鲜为人知。这就使关心热爱东湖的人们，非常期望能让更多的人们了解东湖的优美和深邃，如何将其“养在深闺人未识”的本来面目昭示人们，如何让世人对东湖这颗江城明珠的自然山水文化有更进一步的了解，就是我们要努力的目标，也是我们编写《武汉东湖故事》的原动力。

上述历史也告诉我们，《武汉东湖故事》的写作范围应以东湖风景区为主，同时兼顾在历史上与东湖风景区有着千丝万缕联系的古迹、历史、掌故、典籍、传说，等等。

如此，作者将全书分为四章，每章下有若干小节。以时间为经，以人物或故事为纬，把信史与野史结合，将东湖风景区以及周边地区的山型地貌、自然风光、文物典籍、名胜传说等叙述详尽。并着重于对东湖风景区

山水园林、历史文化底蕴的发掘。全书文字 7 万字左右，配以图片近 60 幅，力求图文并茂，雅俗共赏。

为了编写《武汉东湖故事》，编撰人员在卷帙浩繁的史料典籍中剔理扒梳，深入挖掘，寻找有关东湖风景区人文资源的史料。又在为数不多的史志、民间藏本以及残碑断碣中努力寻找关于东湖历史传说的文字依据，深入研究和开发东湖历史人文资源。可是我们所能引证、描述的东湖可能只是虎之一斑，牛之一毛，对此，我们深为抱憾，只恐笔拙手笨，未能把她美好的容颜尽现人前。知之为知之，不知为不知，只能如此，还望方家指正，读者见谅。

衷心希望这本《武汉东湖故事》，能够使读者对东湖加深了解，更希望读者在读完这本故事之后，能够亲自到东湖来，亲自亲近大自然赐给我们的人间美景。

东湖是自信的，武汉人应该为有东湖而骄傲！

目　录

第二章　山光接水光 十里菱荷香

——唐宋元明清

第三章　台榭起栋宇 花圃立水云
——民国近代

第四章　烟浪六十里 梅岭处处春

——新中国成立后东湖与名人

武汉东湖故事

大武汉故事丛书

第一章　景物自形成　湖山足毓秀
——上古至魏晋

观音菩萨的镜子——东湖的由来

传说南海观世音菩萨从西天佛祖处回普陀山时，途经江夏，偶然按下云头，只见江夏沃野千里，草长莺飞。观音菩萨心情大好，稍作停留，身边的玉女也观赏着人间美景，却不小心将手中的玉镜失落人间。观音带着金童玉女下凡察看，镜子落地化成了一池碧水，这就是现在的东湖；镜框摔成了数段，化成了现在环绕着东湖的34座山峰。观音菩萨见这方山水美丽多姿，将福泽四方民众，也就不责玉女，带着她回南海去了。

还有一种传说，东湖是龙三太子身上佩戴的一块美玉坠地而化。龙三太子有一块宝玉，硕大晶莹，流光溢彩，太子爱不释手，整天戴在身上。一天，太子路过武昌城东郊上空，美玉不慎从腰间跌落，就地化为湖泊，系玉的彩穗变成湖湾、港汊，弯弯曲曲。龙太子见宝玉落地化身湖泊，再也回不来，恋恋不舍，就变成了湖泊旁边的山峦，日夜守护宝玉，据说龙头就是现在的磨山，所以磨山也有龙头山的美称。

东湖风光

不管是观音菩萨的玉镜，还是龙太子的玉佩，这一块玉可真是太大了。东湖现为中国最大的城中湖，水域面积达33平方千

米，12 个大小湖泊，120 多个岛渚，112 千米湖岸线，环湖 34 座山峰。水岸曲折，港汊交错，碧波万顷，青山绵延起伏，岛渚星罗，据说有 99 湾之多。

珞珈山的传说

东湖的东边，有一座独立的小山头，《江夏县志》记为罗迦山，武汉大学所在地。关于罗迦山，民间有着几个版本的传说。

传说观音菩萨从西天佛祖处回普陀山时，途经江夏，不小心将手中的玉镜失落人间。观音带着金童玉女下凡察看时，佛祖所赐的一领袈裟滑落在地。观音伸手去拾，谁知袈裟不见了，而刚刚化为湖泊的玉镜东边多出一座长满树木的小山。原来袈裟化成山了。玉镜和袈裟都是佛祖所赐的宝物，看来它们不愿分开，同时变成凡间的山水，永远相伴了。人们便将这座山称作落袈山。

另一种传说是楚庄王平定斗越椒叛乱后，将军队大营移至此山，安营扎寨，对参与平叛的将士论功行赏，然后又赦免那些跟随斗越椒参与叛乱的从将和士兵，安定民心。全军上下对庄王的宽厚仁德感恩不尽，无不对庄王歌功颂德，人们便将这座楚王设营的小山称为落驾山。

第三种传说最具人间烟火。尉迟恭，字敬德，唐朝大将，凌烟

珞珈山

武汉大学

阁二十四功臣之一。贞观年间（公元627—649年），尉迟恭出任鄂国公，住在今天的武昌城。罗成邀请尉迟恭于东湖边的这座小山相见。《隋唐演义》中尉迟恭、罗成、秦叔宝等人之间演绎出很多精彩传奇，这次罗成与尉迟恭的约会肯定也有不凡的故事，可惜人们没有流传下来，但此后，人们就叫这座山为罗家山。

以上的传说神人各异，倒并不矛盾，或许它们就是曾经的事实也未可知。

珞珈山现在这个名字，是国立武汉大学首任文学院院长闻一多先生改的。珞，是石头坚硬的意思；珈，是古代妇女戴的头饰。“落驾”与“珞珈”二字谐音，寓意当年在落驾山筚路蓝缕、辟山建校的艰难。

佛脚岛（落雁岛）的传说

佛脚岛，也叫落雁岛。

相传，很久很久以前，佛祖要从西天到现今的武汉新洲去建一座寺庙。

一天，当佛祖途径东湖雁中嘴这个地方时，发现一蓬枯草中有些大雁的羽毛和尸体残骸。佛祖不解，就去问附近的老百姓。老百姓同情地说，这是一只狡猾的狐狸干的。东湖雁中嘴这个地方是个三面环水的沼泽地，常年芦苇丛生，加上东湖水中鱼虾丰富，食物充足，每年冬天，总有成群的大雁来这里越冬。然而，附近藏着不少狐狸，每当大雁在这里越冬时，它们就跑来偷袭，总有不少大雁成为狐狸的野餐。

佛脚岛

雁落泸州

佛祖听了老百姓的回答，环顾四周，发现雁中咀东边的水域比较狭长，呈东西走向。佛祖想到一个主意，就朝雁中咀东边的岸边走去，来到岸边以后，佛祖用左脚站着，抬起右脚向湖中的

水面上轻轻地踩了一下，前方不远处马上就出现了一座脚底形的岛。有了这个小岛以后，原来在雁中咀上栖息的大雁就都飞到这个新的小岛上，那些专门到雁中咀来偷袭大雁的狐狸们没法过来，就只能眼睁睁看着大雁们栖息游乐，再也不能为害了。

人们为了铭记佛祖的恩德，就把这座岛称为佛脚岛。

佛脚岛成了大雁的乐园。一直到解放初期，落雁岛每年都还有成千上万的大雁前来越冬。秋高气爽，风静沙平，云程万里，大雁从天际飞鸣而来，三五成群，此呼彼应，回环顾盼，此起彼落，东湖上空一片灵动壮观的落雁。……

今天，落雁景区已经是东湖风景名胜区的重要组成部分，由四个伸向水中的半岛组成，植被茂盛、港汊交错、水鸟众多，先后建成了雁栖坪沙、芦洲落雁、鹊桥相会、雁洲索桥等八大景观。

东湖大乌石的传说

武汉大学东面校内的侧船山旁有一条侧船山路，一直从珞珈山延伸到东湖岸边，给东湖增添了几分神秘色彩和无穷的遐想。这里有一个神奇的故事。

以前，东湖与长江相连，水面宽阔浩渺，浪大水深。有一天，在今航海俱乐部的小山头前面水域中，一艘大木船突然翻了，人们

东湖大乌石

惊慌失措，纷纷落水，情形十分危急。天上的神仙见到人们在水中挣扎，生命垂危，顿生恻隐之心，立刻施展仙法，将大木船变为一座小山，又将落水的人们托上山顶。人们脱离了危险，但是怎么上岸呢？神仙看看变成了小山的木船，将离岸不远的铁锚变成一个大石头，这就是大乌石，再将铁链变成一些小石头，这些小石头从船头一字排列到大乌石，山顶的人们一个一个下来，沿着这些小石头顺利地走上大乌石，最后上岸。人们为了纪念这件事，将这座小山起名为侧船山，山上留下了永久纪念。

现在，东湖风平浪静时，人们可以清晰地看见一些小石头一字排列的奇妙景观。夏天，勇敢的少男少女们，不顾风吹浪打，争相游泳到大乌石上面，探秘失去的大木船和它的锚链。每当触摸到那些小石头，人们似乎觉得传说中的大木船和锚链就在自己手中。大乌石已成为一处浪漫景观。

“鼓架山”与“凤凰嘴”的传说

西周时期，楚王熊渠封自己的第二个儿子熊红为鄂王。鄂王都城就在今天的武昌。现在，东湖梅岭内有鄂王饮马池，相传为鄂王所筑，供饮马之用。东湖西北岸的凤麟嘴有楚王墓，传说鄂王死后就葬在那里。

楚庄王继位不久，一次外出巡猎，令尹斗越椒乘机在宫廷发起政变，想要取而代之，带着叛军一路追杀楚庄王，来到东湖旁的严西湖畔。当时，令尹斗越椒占据现在的武昌和青山一带，楚庄王有部分兵力驻守鄂州。楚庄王得知斗越椒兵变，急忙带领兵马前来迎敌，军兵驻扎在现在的鼓架山附近，两军隔着清河桥布阵对峙。

为了赢得这场战争，斗越椒派了两名暗探化装成生意人，绕过东湖，来到现在凤凰嘴边的王家土库附近，想过湖去刺探楚庄王的军情。两名暗探来到严西湖畔已是掌灯时分，湖边早没有渡船了。暗探就去找附近的渔民用船送他们过湖。他俩来到山坡上一户人家，那户人家里只有一对年轻夫妻，暗探便要小伙子送他们过湖去。这时，一位美貌的女子走出里屋出来，见是两个陌生人，就说天色已晚，对岸又驻扎了士兵，这时候过湖很危险。两名暗探不由分说，掏出几枚钱币搁在桌上，从腰间拔出匕首，逼着那小伙子将他们送到对岸郭毛嘴的山脚下。谁知，对岸楚庄王的部队早有防备，两名

凤凰嘴

暗探一上岸，就被抓获，小伙子也被当作兵卒，与他们一起被抓。楚庄王心里正恨不得将斗越椒碎尸万段，见了他派来的暗探，哪里想到问什么青红皂白，将他们一起杀掉，尸体草草掩埋在郭毛嘴前。

斗越椒得知暗探被杀，有些心慌，想立即发兵向楚庄王进攻，无奈两军之间隔着一条宽阔的清河，不敢轻举妄动。楚庄王也不敢轻易渡河。楚军里有个神箭手，名叫养由基，他提出与斗越椒隔桥比箭。斗越椒自恃能拉善射，就答应了。没想到他三箭都没有射中养由基，却被养由基一箭射死了。楚庄王在山上看得一清二楚，大喜过望，亲自击鼓督战。斗越椒已死，楚庄王又击鼓助威，楚军士气大振，一鼓作气，乘胜追击叛军，一举平息了叛乱。

从此，楚庄王擂鼓的这座山就叫鼓架山。

再说那年轻女子，自从小伙子撑船出去，就举着火把等他回来，直到两军胜负已分，她才得知夫君被害的消息。女子悲痛欲绝，将那暗探留下的几枚钱币扔进严西湖中，投湖自尽了。

当天傍晚，人们看见一只凤凰从那女子投湖的地方飞起，不一会，鼓架山脚的郭毛嘴边也飞起一只凤凰，两只凤凰相向而飞，合成一对，相依相伴，在严西湖上久久盘旋。人们都说，那对凤凰是小夫妻变的，从此，人们就把这里叫凤凰嘴了。

落羽桥的故事

相传唐贞观年间，回纥特使缅佑高首次向唐朝进贡，他特意挑选了一只白天鹅送给唐太宗李世民。缅佑高带着白天鹅风餐露宿，向着长安进发，途经一片美丽的湖泊时，只见山清水秀，鸟语花香。他放下竹笼，双手捧起清澈的湖水喝了几口，湖水清凉甘甜，他美美地喝着。白天鹅见了，在竹笼里扑腾着翅膀“嘎嘎”直叫。缅佑高想，天鹅喜欢水，这会儿比我还渴呢，就小心翼翼地打开笼门，准备捉住它，给它洗洗羽毛，让它喝喝水。不料，平时乖巧的天鹅从他手中挣脱，“扑”的一声飞向湖心。缅佑高吓了一跳，慌乱间只抓得几根鹅毛。

首次朝贡，却半途丢失了贡品，这可怎么办？天鹅在水中嬉戏了一会，钻进芦苇，不见了踪影。缅佑高不知所措，手里还抓着那几根鹅毛。他只得将鹅毛用绸缎包好，赶赴京城，希望唐太宗不会降罪于他。到了长安，缅

落羽桥

佑高向唐太宗陈述途中遭遇，从怀中取出那几根鹅毛为证。朝堂上有人怀疑缅佑高朝贡之心不诚，故意编出这么个故事来蒙骗我大唐，奏请太宗将缅佑高当庭治罪。唐太宗深知缅佑高品行高尚，不会居心欺瞒，当即笑道："千里送鹅毛，礼轻情义重啊！"高兴地收下礼物。从此，这句话在民间广泛流传。

当初缅佑高经过的湖泊就是武汉东湖。今天，听涛景区的"落羽桥"就是当年缅佑高失飞天鹅之处。

养由基与请和桥

养由基是楚国人，嬴姓，字叔，名由基（亦作繇基）。他自小就很会射箭，双手能接四方箭，两臂能开千斤弓，被称为神箭手，能"百步穿杨"。

相传，有一天，楚将潘党在营中练箭，三矢连中箭靶的红心，士兵们高声叫好。正好养由基从旁经过，大家忙喊道："神箭手来了！"潘党听了不服。养由基说："今天就为你们表演一下百步穿杨吧！"命人取来墨汁，涂黑一片杨树叶，养由基站在百步之外射出一箭，正中叶心。潘党仍是不服："这也不奇。依我看，应该选三片不同的叶子和三只箭，分别标明一、二、三，你必须用第一枝箭射中第一片叶子，第二枝箭射中第二片叶子，第三枝箭射中第三

庄王出征

片叶子，那才算是高手。”养由基说：“这有点难，我试试看。”养由基站在百步之外，开弓放箭，“嗖嗖嗖”三箭飞过，竟然一一射中，不差毫厘。潘党这才信服：“养叔真是神人啊！”

楚庄王即位不久，令尹（相当于宰相）斗越椒发动叛乱，想杀掉楚庄王。令尹掌管军民大政，地位仅次于楚王，是楚国最重要的官职。斗越椒是先楚君若敖的后裔，是楚成王时著名的廉吏令尹斗谷於菟的侄子。当时楚庄王在外打猎，身边兵将没有斗越椒多，文武大臣都很惊恐不安。楚庄王张榜招贤：“如有能胜斗樾椒者，即封为令尹。”

养由基正在军中效力，还是个无名小卒，他觉得楚国能人不少，只因奸臣当道，人才都被埋没了。国家有难，匹夫有责。既然楚庄王出榜招贤，自己善于射箭，应该勉力为民除害，为国效力。于是，他揭下招贤榜，去见楚庄王。

庄王见他果然年少英俊，只不知有什么能耐，便当面考他。养由基说自己善于射箭，庄王就叫他射一只蜻蜓，但不得射中要害，要让蜻蜓活着。军兵们都觉得庄王这道题太难了，蜻蜓那么小，不

停地飞着，能射中就很了不起了，怎么还能保证不射死它呢？大家都替养由基担心。

只见养由基弯弓搭箭，“嗖”地放出去，刚好射掉蜻蜓一片翅翼，蜻蜓不能飞了，又没死。

庄王十分满意，将养由基带在身边。两军在武昌东郊相遇了，隔着清河桥安营扎寨，准备决一死战。养由基对庄王说，我去会会斗越椒那个反贼。他来到清河桥头，隔河喊道：“斗越椒！你一向自夸箭术高超，咱们就来比一比射箭吧！”

斗樾椒是有名的射箭高手，听到对面有人居然叫嚷比试箭术，不觉好笑，喝道：“你是什么人？竟然不知天高地厚，敢来太岁面前动土？”

养由基笑着说：“我是养由基，庄王名下的小将，听说你箭术高明，今天特来领教领教！”

斗樾椒不觉哈哈大笑：“无名小卒也敢与你将爷比箭？看来庄王军中无人可用啦！不如干脆出来投降吧，我心情好，可以从轻发落他。”

庄王在一旁听得怒发冲冠，正要发作，养由基示意庄王别动，他对斗越椒说：“百闻不如一见。咱就比试比试吧，你若赢了，庄

养由基射箭

王甘愿听你发落！”

庄王一听急坏了。养由基箭术是很好，可是斗越椒也不是平庸之辈。军前无戏言。养由基如果输了，这一干军马和楚国可就全完了，还不如现在拼死一战呢。庄王心里正在琢磨怎么阻止这场比试，养由基轻声说道：“您就等着看好戏吧！我管教斗贼一箭丧命。”

大军对垒，必然决战，谁胜谁败，难以预料。斗越椒自恃箭术高明，见养由基居然提出这样的条件，正中下怀：“你说话可算数？要你们庄王点头答应。”

养由基回头对庄王说：“你只管答应。等会儿看我的箭射中斗贼，您就擂鼓助战，咱们大军冲过河去，一举灭了叛军。”

庄王见养由基胸有成竹的样子，不由得信心大增，朗声说道：“本王今天就与你一箭定输赢！”

斗越椒心下大喜，暗暗想道，真是天助我也！一个无名小卒，能有多大本事？我一箭就要了他的小命。为了确保万无一失，他对养由基说：“既然你提出要与我比箭，我就成全你。咱们就以三箭定胜负。你必须让我先射！”

“好！就依你。”养由基刚说完，就听斗越椒喊道“看箭！”只见一箭嗖的一声，直奔养由基脑门射来。养由基慌忙右手一伸，把箭接住，正要说“该我射了”，第二枝箭挟着风声破空而来。养由基一伸左手，又接住来箭，扔在地上。

三箭已射了两箭，却都没有射中养由基，斗越椒暗自吃惊，心里慌起来。他也是箭无虚发的高手，此时两箭都没有射中目标，怎能不慌？

养由基接下两枝箭，从容说道：“比试箭法本应该每人各射一箭，既然你已经射了两箭，索性这第三枝箭也射了吧，我这无名小卒今天就让你三箭！”

庄王见斗越椒不守规矩，趁养由基一点准备都没有就接连发箭，在一边心惊肉跳。这会儿见养由基还是一副轻松自如的样子，不觉长舒一口气，微微点头：养由基临阵不惧，果然堪当大任。

斗樾椒一边让自己镇定下来，一边暗自下决心，这一箭定要将什么养由基射死。他喊道：“有本事的不用手接。”

养由基笑道：“好吧。再用手接也不算高明了。”

斗樾椒使出平生臂力，瞅准养由基，猛发一箭朝他咽喉射来。

养由基不慌不忙，略一低头，嘴巴恰巧衔住这第三支箭。

对面的斗樾椒以为养由基必定中箭倒地，哪知他箭在口中，人却完好无损，不由目瞪口呆，养由基准备射箭了，他都没有回过神来。养由基叫道：“你三箭已射，现在该我了。”一边说，一边抬起弓，试试弓弦。

斗越椒慌忙左躲右闪。

养由基笑道，“我还在试弓哩！别怕！”

养由基如此躲过三箭，庄王心里大安，也要看看养由基射箭的本事，看斗越椒如何躲避。养由基说过要斗贼一箭毙命的，这一射

养由基与请和桥

一躲，可是一矛一盾。忽听军中一片惊呼，只见斗越椒已经倒下，咽喉正中一箭。

主帅已死，叛军一片混乱，庄王的军兵猛冲过去。庄王大喜，策马扬鞭，冲上山头，抡起鼓槌，亲自为大军擂鼓助威，军兵士气大振，大战叛军，势如破竹。叛军无力抵挡，束手就擒。

据传，庄王的军队获胜后，驻扎在落驾山（今珞珈山）上。庄王犒赏三军，论功行赏，按照招贤榜的约定，要封养由基为令尹。养由基认为自己的才能还不够当令尹，一个名叫孙叔敖的才是令尹之才，他向庄王推荐孙叔敖为令尹，自己高兴地为孙叔敖驾车。他又请求庄王善待俘虏，因为这些俘虏本来是庄王的兵将，只因斗贼作乱，一时误听误信，误入歧途，只要他们还愿意归附庄王，为王效命，请庄王赦免他们。庄王听他说的有理，就宣布赦免叛军的从犯和兵士，愿意归附庄王的，就留在庄王的军队，愿意回家的，庄王就放他们回家。

许多人因为这一赦免保住了性命，人们感激养由基，就将清河桥改名为请和桥；他只一箭就射死了斗越椒，人们就叫他养一箭。

请和桥就在今天东湖的落雁景区，全长 150 米，宽 9 米，如同一道长虹横贯磨山景区和落雁景区，桥头矗立着楚国神射手养由基

的青铜雕像。

屈原东湖泽畔行吟

秦汉以前，随着楚国的强盛，楚文化影响力渗透到楚人足迹所到之处的每一个地方，江汉沿岸自然和文化景观不计其数，类型多样，内涵丰富，而东湖则是蜿蜒奔泻千里的长江彩带上的一颗璀璨明珠。与洞庭湖的湖湘文化、太湖的吴越文化一样，古代，东湖所在地一直处于楚文化的熏陶、影响之下，今天，东湖的山山水水中还隐现楚文化的基因。

楚人以祝融为始祖。商朝末年，祝融八姓中季连那一支为避祸迁到了汉水流域，当时汉水流域的文明落后于中原地区，被称为蛮夷。流落到蛮夷的这一支，建立了后来强大的楚国。周成王时，封楚君熊绎于楚蛮，姓芈氏。熊绎开国之初，“筚路蓝缕，以处草莽。跋涉山川，以事天子”。周夷王时，楚君熊渠立其次子红为鄂王。鄂，即原武昌县、今鄂州市一带。据传，鄂王曾在今天的东湖蔡家嘴用青石垒筑水池，供饮马之用，曰“饮马池”。他死后，就葬在东湖西北岸的凤麟嘴。这可能是楚国开疆拓土的马蹄第一次踏上长江以南东湖周围的这一大片土地。

楚国第二位大规模开疆辟土的国君是楚武王熊通，熊通南征北战，确立了楚国在汉东的霸主地位。楚庄王后来又成为“春秋五霸”之一。随着楚国的强大，楚国的统治中心逐步由汉水流域向长江流域迁移，楚国势力范围进一步扩大，包括东湖在内的江汉平原成为楚国的统治中心。楚国在开疆拓土过程中，对九黎、三苗及百越的土著文化兼容并蓄，将黄河流域的文化与长江流域的文化融合在一起，推陈出新，“外求诸人以博采众长，内求诸己而得独创一格”，创造了令人瞩目的楚文化，尤其在楚昭王迁都江陵后的200多年时间里，楚文化发展到了鼎盛时期。

到屈原所处的楚怀王时代，楚国国力逐渐衰落，处于末世的屈原人生政治理想得不到施展，一生颠沛流离，却创造了伟大的浪漫主义诗歌传统——楚辞，成为我国最伟大的爱国主义诗人。

屈原，名平，字原，大约生活在公元前340年至公元前278年间，屈原出身高贵，是楚国的贵族，是楚武王熊通的后裔。屈原做过左徒、三闾大夫，“学识渊博，博闻强志，明于治乱，娴于辞令”，他主张彰明法度，举贤授能，东联齐国，西抗强秦。

屈原为官之初，颇受楚怀王的信任，“入则与王图议国事，以出号令；出则接遇宾客，应对诸侯”。当时的令尹子椒、上官大夫靳尚非常嫉妒屈原的才能。有一次，怀王让屈原拟一篇国王的号令，屈原刚刚拟好草稿，靳尚就去抢他的稿子，屈原不肯给他，靳尚就在楚怀王面前污蔑屈原：“大家都知道大王让屈原拟定宪令，但每一次大王的号令发出，屈原就自夸其功说：‘没有我，谁也拟不出这样的号令。’”楚怀王听了很生气，从此疏远了屈原。

这时，秦国想攻打齐国，派使者张仪前来楚国，以六百里地相送为饵，离间楚齐两国的关系，以免楚国相助齐国。楚怀王一时执迷，相信了张仪，谁知后来张仪却说是六里地。得知中计后楚怀王大怒，立刻兴师伐秦，却再次中计，被秦师大败于丹淅，不但损兵折将，还丢失了汉中之地。张仪又买通了怀王的宠妃郑袖，缕缕欺骗怀王。自此，楚怀王由于重用了靳尚这样的佞臣，“内惑于郑袖，外欺于张仪”，一错再错，几次受秦国蒙蔽，最后被秦国软禁，客死秦国。强大的楚国由极盛突然衰落。

屈原既同情楚怀王，又恨楚怀王不听自己劝谏。楚怀王被秦国软禁后，太子横继位为顷襄王。顷襄王任命其弟子兰为令尹。屈原改革图强的政治主张又触动了子兰、靳尚贵族集团的利益，继续遭受迫害，一再被顷襄王放逐，最后被赶出郢都，长期流浪于沅湘流域。

相传，屈原离开楚国郢都（今江陵）放逐江南溆浦时，沿长江东下，不久，又溯江而上，抵达鄂渚，只见远山近水写满苍凉，自叹满腔抱负无法施展，百感交集，大放悲歌：“登大坟以远望兮，聊以舒吾忧心”的诗句。据郭沫若先生解释，大坟就是龟山。这说明，屈原还到过汉阳。清人李鼎元诗《登大别山》有“鄂渚沙寒悲屈子”之句，鄂渚即今武昌。

《楚辞·渔父》载:“屈原既放，游于江潭，行吟泽畔”，这个“泽”据传就是今天的东湖。这一天，遭到流放的屈原在湖边一边走，一

屈原纪念馆内屈原半身像

边吟诗，抒发心中的忧闷，形容十分憔悴。湖上的渔父看见他，十分诧异地问："您不是三闾大夫吗？怎么到这里来了？"屈原叹道："'举世混浊而我独清，众人皆醉而我独醒，'所以我被大王流放到这里来了。"渔父劝道："'夫圣人者，不凝滞于物，而能与世推移，举世混浊，何不随其流而扬其波？众人皆醉，何不餔其糟而啜其醨？'您为什么不随波逐流，反使自己怀着如此优秀的才华被大王流放呢？"屈原答道："我听说'新沐者必弹冠，新浴者必振衣'，我一身清白，怎么能和这些人同流合污呢？如果让我同他们同流合污，我宁可跳进大江中葬身鱼腹！"渔父莞尔一笑，摇橹而去，一边划着船，一边唱道："沧浪之水清兮，可以濯我缨；沧浪之水浊兮，可以濯我足。"

屈原一生廉洁正直，志向高洁，却政治命运多舛，他空怀美好的理想却无法实现，眼看着国家被奸吝小人所误，楚国日益衰败，自己却无力挽救，他愤闷忧郁，彷徨痛苦。连渔父都比他生活得自在。公元前 278 年，秦国大将白起带兵南下，攻破了楚国国都，他彻底绝望了，就在五月五日这天抱着石头投入了汨罗江。

"失之东隅，收之桑榆"，虽然屈原追求政治革新、振兴祖国的美好理想未能实现，但他在文学上却有非凡的成就。作为楚国的诗人，他吸收了南方民歌的精华，融合了古代神话和传说，创造出了新体诗——“楚辞”。楚辞的出现，是我国古代诗歌的大解放，它打破了《诗经》四字一句的死板格式，采取三言至八言参差不齐的句式，形式活泼多样，适宜于抒写复杂的社会生活，表达丰富的思想感情。后人将屈原所写的诗歌汇编成集，称为《楚辞》，《楚辞》是中国文学史上第一部浪漫主义诗歌总集。

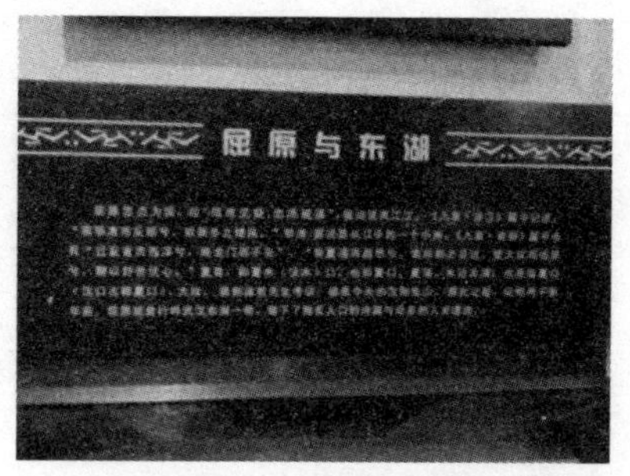

屈原纪念馆内展品

《离骚》是《楚辞》第一篇，屈原的代表作，是我国古代最辉煌的长篇抒情诗。《离骚》气势雄伟博大，意境开阔深远，色彩瑰丽绚烂，想象丰富奇特，词藻绚丽华美。它的感情如江海奔涌，又如黄河九曲，委婉隐约、流动回旋之致，充满了无羁的浪漫主义情怀，读来令人回肠荡气。屈原托楚辞以言其志、泄其愤、抒其怀，那炽烈的忧国、爱国之情，那慷慨赴死、与国共存亡的决心，都倾注到楚辞的创作中，《离骚》之深、《九歌》之美、《天问》之奇，堪称千古绝唱。“屈平词赋悬日月，楚王台榭空山丘”。唐代诗仙李白赞《楚辞》与日月同辉。

附：行吟阁、屈原纪念馆、沧浪亭——泽畔行吟

行吟阁

行吟阁建于20世纪50年代，位于听涛轩北边的一个圆形小岛上，四面环水，由荷风、落羽两桥与陆路相连。阁名出自《楚辞．渔父》：“屈原既放，游于江潭，行吟泽畔”。阁系钢筋混凝土仿木结构，高22.5米，平面呈正方形，三层四角攒尖顶，古色古香。行吟阁雄健俏丽，颇富民族风韵。阁前立屈原全身塑像，像高3.6米，基座高3.2米，造型端庄凝重，清癯飘逸，屈原翘首向天，款款欲步，仿佛正行吟泽畔。

屈原纪念馆是一组纪念屈原的民族形式建筑，设二层展室，陈列有关屈原的文献资料及后世对屈原的研究资料、书画艺术作品。馆名由董必武题写。沧浪亭依湖岸自然曲线而建，亭名取自《楚辞·渔父》：“沧浪之水清兮，可以濯吾缨；沧浪之水浊兮，可以濯吾足。”此亭离水很近，使人有伸腿可以洗脚，掬水可以洗头的感觉。

“泽畔行吟”景观是全国建立的第一个屈原景区，独领风骚，蜚声中外，也是东湖楚文化的点睛之作。

离骚碑位于东湖风景区磨山景区，建于1992年7月，用红色岩石砌成，碑高14.8米，底座宽17米，它是我国目前最大的碑刻之一，比号称“天下第一碑”的泰山“御京碑”高1.3米，宽3米。《离骚》是屈原的代表作，全诗共373句，2490字。碑文字体选用毛泽东同志1913年在湖南第一师范学校读书时魏体手抄的《离骚》全诗摹刻，字体遒劲隽逸，诗书双绝。

《楚辞》在中国诗史上占有重要地位，后人“风”、“骚”并称，把《诗经》和《楚辞》作为中国古典诗歌的两大源头。屈原的作品在思想上和艺术上的辉煌成就，为全人类提供了一份宝贵的文化遗产，他也赢得了世界文化巨人的光荣称号。1953年，屈原以诗人身份同波兰天文学家哥白尼、法国文学家拉伯雷、古巴作家和民族运动领袖何塞·马蒂一道，成为世界四大文化名人，世界和平理事会号召全世界共同纪念他们。屈原的作品在公元前7世纪传入日本，19世纪开始传入欧洲，现已有英、法、德、俄等多种国家文字的译本。

屈原曾在东湖边徘徊、吟唱，浩渺东湖烙下了这位爱国诗人的历史足迹，他是东湖的灵魂。

郊天台与白马冢

《大明一统志》（卷五十九）在卓刀泉条目中记载：“郊天台在府城东一十里，今名磨儿山，世传汉昭烈帝祭天于此。”世传刘备郊天坛始建于东汉建安十三年，也就是公元208年，距离今天已经1800多年历史。刘备曾先后两次在这里祭天。

赤壁之战后，刘备攻取荆州。孙权一直想伺机夺回。东汉建安

白马冢

十三年，刘备夫人（甘夫人）亡故，孙权和周瑜定下一计，孙权许诺将自己的小妹嫁给刘备，想把刘备诱到南许（今镇江）后困住，这样夺取荆州就如囊中探物了。诸侯争霸，无所不用其极。刘备也知孙权这是在拿小妹做诱饵，虽然也想与东吴联姻，可又不敢冒险。诸葛亮总是比周瑜计高一筹，他胸有成竹，让刘备将计就计，乘船南下。船至武昌，刘备心里还是不踏实。赵云等人劝道："主公，沿途江南美景甚好。船上窄小，心情郁闷，不如我们上岸骑马，散散心去。"于是，刘备一行人上岸，骑着马沿途观花赏景，不觉来到东湖，只见水面宽阔，岛屿星罗棋布，湖泊纵横交错，果然风光旖旎。湖边芦苇丛中，不时飞出各种野鸟，在天空欢快地鸣叫，仿佛欢迎刘备的到来。刘备顿觉心旷神怡，心头的阴霾一扫而空。行走间来到一座山下，山坳里忽然吹出一阵怪风，惊得刘备马失前蹄，头上的帽子也被吹落，转眼失踪。刘备大惊失色。古人迷信，帽子几乎等于头颅，刘备本来担心此次南许之行凶多吉少，这半途中丢了帽子，不是要掉脑袋的兆头么？刘备心里恐慌，还要不要继续东行呢？诸葛亮留守荆州，这样的意外他也不能事先预知，没人给他拿主意。刘备举棋不定，信马由缰，攀上东山头，抬眼四顾，忽然发现此处呈福地之相。刘备想，如今正是前程不定、局势难料之时，何不在此地搭台祭天，祈求上天保佑我得偿心愿、大业可成呢？于是，刘备命人在东山头搭起高台，选择良辰吉日，登台祭天。

当时刘备还没有建立蜀国，还不是天子，而只有天子才能祭天，所以刘备称自己祭天为郊天，乡野祭祀之意，把祭天台叫郊天台。刘备郊天，祈求上天眷顾，保他此番得遂心愿。下了郊天台，刘备继续东行，来到东吴。吴国太不知儿子用计，一见刘备就十分喜欢，当真要将小女儿许配给刘备。孙权叫苦不迭，想尽各种办法阻止，最终拗不过母亲和妹妹，只好另想计谋，在刘备带着新娶的夫人离开东吴时设计阻杀，但是又被诸葛亮提前识破，安排人马沿途接应，最后，刘备携夫人安全返回荆州。

这就是家喻户晓的“周郎巧计安天下，赔了夫人又折兵”的典故。这桩一波三折、最终龙凤呈祥的喜剧广为流传，还被搬上各种舞台，京剧《龙凤呈祥》就再现了这一精彩故事，每逢节日或庆祝活动，总是一本《龙凤呈祥》拉开喜庆的序幕。

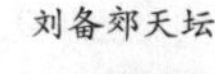
刘备郊天坛

东湖磨山景区东一峰三面环水，“山不高却钟林毓秀”。2003 年 9 月，全新的刘备郊天台在这里落成，台高 104.5 米，

由广场、神道、祭坛三部分组成。神道石阶共 360 级，以应天数之吉；祭坛上为圆坛，下为方坛，以应天圆地方之说；圆坛三层，以示三才之济；圆径九尺，以像九重之极。环有石柱二十四个，以应一年二十四节气。栏杆上铸有东青龙、南朱雀、西白虎、北玄武，以昭四象，明四方。东、西、南、北各挂青色、红色、白色、黑色旌旗七面，以示二十八星宿。

刘备郊天台采用东汉时期建筑风格，兼具阳刚之气和阴柔之美，成为磨山又一处著名景观。民间有云：不到东湖，不知武汉魅力；不上天台，不知东湖秀丽。

东湖有许多三国时期的传说和遗址。除了刘备郊天台、关羽卓刀泉等，还有鲁肃白马冢。白马冢位于东湖白马洲，此洲四面环水，与小龟山、飞峨山隔岸相对，沿湖丘陵起伏，景色佳丽。相传三国赤壁之战前，刘备与东吴订下联合破曹大计后，诸葛亮转回夏口准备抗击曹操，鲁肃忽然想到诸葛亮在东吴的时间较久，这期间不知刘备会不会因为担心东吴的态度而被曹操说服，联合曹操一起对抗东吴？路上想到这里，他赶紧骑上自己的坐骑白马，想在诸葛亮之前赶到夏口，一路上鲁肃马不停蹄地赶路，来到东湖时，白马已经疲累不堪，突然陷入沼泽中，不一会儿就死了。赤壁大战后，孙权和刘备都说，此次联合抗曹并取得重大胜利，白马的功劳不可磨灭，于是厚葬了白马，人们便称此地为白马冢，称此洲为白马洲。据传，白马洲原系东湖中的一片荒滩，冬露夏淹。自从白马陷入此滩死后，此处即水涨滩高，白马冢周围约30亩地一直高于水面4.2米以上。

卓刀泉的前世今生

武昌东湖风景区南、伏虎山西面的卓刀泉路有一座寺庙，寺为三进院落，规模不大，进入山门，走过关公桥，便是关圣殿，殿内供奉着高达4米的关公青铜神像，关公手执青龙偃月刀，威武神勇，关平、周仓护卫左右。关圣殿后面就是卓刀泉，泉深10米，一年四季清泉不增不减，楚昭王当年题刻的“卓刀泉”三字穿越数百年，依然清晰在目。大雄宝殿位于最后一层，供奉佛祖及其弟子群像。这座寺庙就是卓刀泉寺。

真三国，假西游。三国中的经典人物和故事历来为人们所传颂，成为人们的精神追求，关羽可说是其中最有代表性的一位。电视连续剧《三国演义》里面的关公美髯红面，剑眉入鬓，神情威武，一看就如天神在世，正是人们心目中的武圣形象。全世界有华人的地方几乎就有关羽庙，也称武圣庙，人们称关羽为武圣或者武财神，供奉关羽塑像。卓刀泉寺虽然不是名山大川的著名寺庙，也曾经信徒千众，香火鼎盛、游人如织，远近四方的人们纷纷前来朝拜这位集忠、义、仁、勇于一身的武圣，这种朝拜既是祈福，更是景仰，武圣精神昭示着后人。

卓刀泉寺

关羽，字云长，今山西运城人，东汉末年名将，与张飞一起追随刘备南征北战，战功赫赫。相传公元208年（建安十三年），关羽驻兵于武昌伏虎山。伏虎山原名已经失考，传说山上藏着一只白虎精，常常下山危害百姓，地方百姓苦不堪言。官员驻兵于此，百姓如遇救星，一起请求关羽去除掉这只白虎精。关羽手提青龙偃月刀，深入林中洞穴搜寻，很快找到白虎精，一刀将白虎精斩成两半。百姓大喜，敲锣打鼓庆祝，将此山称为伏虎山，纪念关羽为百姓除害。

驻兵之处地势险要，它西接桂子山，东倚伏虎山，是武昌城东古驿道隘口，为兵家必争之地。那年天下大旱，湖水大面积干涸，官兵缺水，军心浮动。关羽十分着急，每天登上伏虎山远望，天空万里无云，不远处的长江越来越瘦小，大地皲裂。水都去哪儿了？关羽恼怒，大喝一声，将手中的青龙偃月刀猛地往地上一卓，地上顿时出现一个深坑。官兵无不惊异于关羽的神力和青龙偃月刀的锐利，一个士兵大叫起来：水！水！水！只见从地坑里涌出清亮的泉水，开始慢慢从地层沁出，接着越涌越快，越涌越多，顷刻就将深坑溢满，军营里一片欢呼雀跃。泉水不停地涌出，全营官兵都喝不完，将士士气大增，屡战屡胜。因为这泉水是关羽的青龙偃月刀卓

地而出，人们就把这眼泉叫卓刀泉。

自从这里有了卓刀泉，远近的人们不再有缺水之忧，无论怎么干旱，泉水从来都是那么深幽，那么清凉甘甜，供一方百姓饮用。宋朝曾在此修筑道场，后来又在这里修建寺庙，寺庙因泉得名，就叫卓刀泉寺。寺内石碑记载："斯泉冬温夏冽，其色淡碧，味甘如醴，饮之可疗疾。"游人来此，无不汲泉畅饮。

明朝初年，朱元璋第六子朱桢封为楚昭王，藩镇江夏。楚昭王慕名游览卓刀泉，朝拜武圣，汲饮泉水，在泉边筑起井台，又亲笔题写"卓刀泉"三字，刻在井台石栏上。

自建以后，卓刀泉就成为武昌胜景，千余年来，先后称过御泉寺、玉泉寺、泉寺等。清光绪九年（公元1883年）所存之"卓刀泉记"载："城东十五里有卓刀泉者，吾楚胜迹也。昔汉寿亭侯关羽治兵江陵时，卓刀于此，故名。"卓刀泉历尽沧桑，屡建屡毁。最后一次大的破坏是咸丰初年，太平天国起义军与清军在此激战，武昌城硝烟弥漫，卓刀泉未能幸免，毁于战火之中。咸丰八年（公元1858年）重建寺庙，寺内松柏缭绕，拔地参天，每当烟开日出，百鸟欢腾，山鸣谷应，武圣关公的传奇就在这些花香鸟语间传颂。

卓刀泉

民国初年，任桐撰写的《沙湖志》中列出"沙湖十六景"，

其中就有卓刀饮泉，任桐还为卓刀泉撰写了楹联：“偃月岂无光？天上飞来凿凿大声惊万卒；通江宜有脉，地中涌出源源不竭几千秋。”把一个历史故事和卓刀之泉的来龙去脉浓缩于上下联中，大气磅礴，力透笔锋。

卓刀泉是关羽所代表的三国人物在汉活动的见证和“活化石”。

如今，卓刀泉寺重修了山门，增建了七宝如来禅茶艺术馆，集古泉、字画、禅音于一体。宗舜法师的微博粉丝近四万人，他到卓刀泉寺参访时，曾在禅茶文化馆与微博粉丝见面，一起品茶参禅。宗舜法师在微博上发起的“无尽传灯微博共修”，吸引了许多佛学爱好者的参与。

古老的卓刀泉呈现出时代新姿。

楚天名菜洪山菜薹

洪山菜薹，紫菜薹的珍稀品种，原产于湖北省武汉市洪山区一带，因而得名洪山菜薹。是中国国家地理标志保护产品。洪山菜薹茎肥叶嫩，色香味美，又叫“红菜薹”，在唐代已经是著名的蔬菜，历来是湖北地方向皇帝进贡的土特产，曾被封为“金殿玉菜”，与武昌鱼齐名。王景彝《琳斋诗稿》有咏菜薹一首：“甘说周原荠，辛传蜀国椒。不图江介产，又有菜薹标。紫干经霜脆，黄花带雪娇。

晚菘珍黑白，同是楚中翘。”

洪山菜薹

关于洪山菜薹，有一个凄美的传说。相传1700多年前，洪山脚下的小村里有个叫玉叶的姑娘，相貌娟秀、心灵手巧。邻村有个叫田勇的小伙子，勤劳朴实、热心助人。两人倾心相爱。阳春三月，他们到风景秀丽的洪山游玩，被人称“恶太岁”的杨熊撞见。杨熊见玉叶十分漂亮，命令兵勇将她抢走。田勇奋力拼打，将玉叶救出，拉着她就跑，杨熊眼看着追不上了，叫兵勇将他们乱箭射死。田勇和玉叶倒下的地方鲜血染红了土地。杨熊见出了人命，策马逃跑，突然一阵雷电，将杨熊一伙全击死在山腰。

当地百姓将田勇和玉叶埋在死难的地方。后来，他们的坟堆周围长满了紫红色的小苗苗，乡亲们常给它们浇水施肥，小苗抽出了肥壮的菜薹。到了秋天，当地遇上大虫灾，庄稼颗粒无收，乡亲们将坟堆周围的紫红色的薹秆采来食用，觉得甜脆清香。菜薹越采越多，乡亲们度过了荒年。后来，人们采集了菜籽，在自家菜园里种植，竟然长势很好。历史上东湖属于洪山辖地，这里所说洪山即包括东湖，菜薹得到广泛播种，人们把吃不完的菜薹挑到城里去卖，城里人吃到这种新奇的蔬菜赞不绝口，红菜薹就传开了。

洪山菜薹在唐朝就已成为名菜，曾被封为“金殿玉菜”。唐朝的开国元勋尉迟敬德酷爱洪山菜薹，为了镇住残害菜薹的妖怪，尉迟敬德亲自进京见驾，请唐太宗赐给银两在宝通寺建塔。结果，宝塔建成了，妖怪镇住了，而尉迟敬德却因积劳成疾，还没有来得及吃上新长出来的菜薹就不幸谢世了。从此，由于宝塔的神威，弥勤寺（宝通寺）钟声播及之处，长满了茂盛的菜薹，其中以宝塔投影之地的“学恭田”生长的菜薹味道最佳。

红菜薹形似油菜，带花，只是颜色呈紫红色、紫黑色，汤汁呈紫黑色。洪山处于丘陵地带，有九岭十八凹，土质为红壤和黄壤土，避风向阳，又有泉水浇灌，冬春之际，最宜紫菜薹的生长。正宗的洪山菜薹除外形肥壮外，色泽也较浅红，口感较清，茎干部分呈喇叭状，从下及上，逐渐收小。洪山菜薹从 11 月上旬到翌年 3 月上市，其食用部分主要是嫩薹秆，营养丰富，甜脆爽口，以长逾尺许一指粗细、颜色紫红、质地鲜嫩为上品，经霜冻后味道特佳。由于洪山菜薹色、香、味、形俱美，又应了‘紫气东来’之说，因而它是春节前后的席上珍馐、待客佳肴。

优质红菜薹只产在洪山，若迁地移植，不仅颜色不同，口味也有差异，历史上因此演绎出许多令人啼笑皆非的故事。

王徒心《续汉口丝谈》上记载："光绪初，合肥李瀚章（李鸿章之兄）督湖广，酷嗜此品（按：指洪山菜薹），觅种植于乡，则远不及。或曰'立性有宜'。勤恪（李瀚章的谥号）乃抉洪山土，船载以归，于是楚人谣曰：'制军刮湖北地皮去也。'"

20 世纪初，黎元洪离开湖北，到北京当大总统时，每临冬天，必派专差到洪山来运红菜薹。由于长途大批运输，鲜菜运到北京后，菜薹失去原有的色泽和鲜味，较之产地新鲜嫩菜薹当然逊色不少，黎元洪感到美中不足。于是有人出谋把洪山的泥土装上几火车皮运往北京试种，结果，菜薹虽长出来了，但色不红、味不鲜。试种失败，更感到洪山菜薹之可贵，黎元洪还是用老办法，用火车成批运转菜薹到北京。

清人在《汉口竹枝词》中唱道：

不需考究食单方，冬月人家食品良。
米酒汤圆宵夜好，鳊鱼肥美菜薹香。

为了保护洪山菜薹的品种优质，根据《地理标志产品保护规定》，国家质量监督检验检疫总局批准，自 2005 年 12 月 31 日起对洪山菜薹实施地理标志产品保护。保护范围为湖北省武汉市洪山区洪山乡、九峰乡、花山镇等三个乡镇所辖行政区域。

武汉东湖故事

大武汉故事丛书

第二章　山光接水光 十里菱荷香

——唐宋元明清

李白放鹰

在今环湖路与洪山路相接的东湖畔，有一个不大的土台，上面芳草萋萋，绿树葱葱，一旁湖水清亮，烟波湛湛，人们都叫它放鹰台，相传是李白曾放鹰之地。

据史料记载，从开元十二年起直到李白去世的前两年，他曾多次在荆门、江陵、襄阳、江夏（即今武昌）一带活动，并在安陆住了相当长的时间，在江夏（即今武昌）逗留时间最为集中的是两次，第一次以安陆为中心，其时约十年之久，即从开元十二年至开元二十二年，正如他自己所说："酒隐安陆，蹉跎十年。"中间经常到武昌游动，寻取功名，第二次是乾元期间从流放到遇赦后，以江夏（即今武昌）为中心的游历，约两年多时间。

李白在安陆成家后，还想建功立业，便出外拜访名人、求取功名，但结果却四处碰壁，一事无成。一日，来到江夏地区，特意去探访洪山脚下的李邕故居，不料想，李邕的后代已到龙泉寺出家为僧，李宅空无一人，幽幽戚戚，李白独自伤感，留下一首《题江夏修静寺》："我家北海宅，作寺南江滨。空庭无玉树，高殿坐幽人。书带留青草，琴堂幂素尘。平生种桃李，寂灭不成春。"然后沿着洪山北麓朝东去。不觉来到湖边，忽见猎人下的套子套住了一只小鹰，他便走上前去解开套子放了小鹰，后人根据这个故事，将该处建成了"李白放鹰台"遗迹。

东湖边李白放鹰台的李白放鹰塑像

说起李白爱鹰，由来已久，李白爱鹰源于他的“大鹏”情结，鹏，传说中的大鸟也，现实中可能只有鹰可以媲美，李白借鹰寄物托志。这些可从他的观放白鹰诗中窥见一斑：“八月边风高，胡鹰白锦毛。孤飞一片雪，百里见秋毫。”“寒冬十二月，苍鹰八九毛，寄言燕雀莫相啅，自有云霄万里高。”

李白与李邕之间也很有渊源，可谓英雄相惜，李白一直仰慕李邕的才华，早在开元十一年，李白对李邕就有过一次失败的“干谒”行动，那时，李邕正在渝州刺史任上，他是为《昭明文选》作注的大名鼎鼎的李善的儿子，学识洲博，又因广交天下之士而声名远播。冲着这点，李白不远千里去向他求教，拜谒过程中，李白不免要表白自己的抱负，“推销”自己，却给这个前辈留下狂言不逊的不良印象，话不投机，

李邕画像临摹

李白佛袖而去。临行，写了一首《上李邕》，表白对李邕轻视他“年少”而口出“大言”的不满。

大鹏一日同风起，
扶摇直上九万里。
假令风歇时下来，
犹能簸却沧溟水。
时人见我恒殊调，
见余大言皆冷笑。
宣父犹能畏后生，
丈夫未可轻年少。

诗的前半首说，大鹏展翅拍打着旋风而上，直达万里高空，即使从高空飞下，也摇动得大海如沸腾一般。这是李白心中最早的大鹏形象。李白深受道家思想的影响，每每以庄子想象中的大鹏为自我精神境界写照。大鹏是他一生的图腾，是他远大抱负的化身，轩昂意志的象征，“大鹏羽翼张，势欲摩穹昊”。直至生命终结之时，他还高歌一曲《临路歌》，以中天摧折的大鹏自比。

李白的隐逸不同于某些一味沽名钓誉之徒，“不屈已，不干人”的立身处世意愿，使他要借隐居以养贤，为了谋求政治出路培植声望。这时写的《山中答俗人》一诗表面看来写的是他对隐逸生活的陶醉：“问余何意栖碧山，笑而不答心自闲。桃花流水窅（yǎo）然去，别有天地非人间。”神情多么自得。其实，诗人何曾真正迷恋这种隐逸生活呢，深入一层看，以隐逸为“终南捷径”的真意，自然只能悠然心会，难与君说。“笑而不答”便觉意味深长了。

李白一直自信“怀经济之才，抗巢由之节。文可以变风俗，学可以究天人”。渴望到广阔的天地中，大展拳脚，但他“乍向草中耿介死，不求黄金笼下生”的刚直性格，怎为世俗所容？

于是，幻想—失望—悲愤—纵酒，成了他一生不断重复的人生悲剧，狂放只是他宣泄悲愤的独特形式。

作为后人却应该高兴，如果有了当官的李白，就不可能有诗仙李白，仕途春风得意，公务缠身，应酬连连，哪有时间纵情山水，写诗吟辞，哪能留下这许多的名诗佳句。可能正由于其政治上的不得志，才成就了一代诗人李白。

“功名富贵若长在，汉水亦应西北流”，李白的《江上吟》道出了他后来对功名的态度，“屈平词赋悬日月，楚王台榭空山丘”，只有诗文才是不朽的。李白的精神、气概、追求，连同他的诗卷，留给了后人，长存于天地之间，如今，当人们流连于东湖之畔，放鹰台前，李邕故居，情不自禁会吟诵起李白那些不朽的诗文。

长笛当歌

东湖畔的吹笛山，一个诗情画意的地方，见证了湖畔居民与笛的不尽情愫。

在民间，对吹笛山得名有很多传说。一曰：很久以前，一个不愿为官的书生，隐居于此，白天吟诗作画，夜晚携妻面对清幽的东湖水吹笛自娱，笛声响亮美妙，周围百姓无不称赞。故称此山为吹笛山。二曰：某仙人云游至此，偶将手中横笛吹奏一曲，没想到山中鸟儿都随笛声吹唱，水中鱼儿都随笛声跳跃，仙人大悦，认为自己与此山此湖有缘，便将此山取名为吹笛山，长居于此。三曰：朱元璋的第六个儿子朱桢被封楚王于武昌时，在此种芦取膜吹笛，故称此地为吹笛山。

不论哪一种说法，有一点可以肯定，此地吹笛之风颇盛，笛声悠扬，解烦去忧，所谓“孤烟汉川树，长笛武昌人”。

武昌向属楚地，楚地自古以来为一多民族混合之地，楚人好歌舞，喜丝乐，其喜好吹笛之风可上溯到先秦时期。

笛是中国最具特色的吹奏乐器之一，也是中国最古老的乐器之

古人吹笛

一，汉司马迁在《史记》中曰：“黄帝使伶伦伐竹于昆溪，斩之为笛，吹之为凤鸣”。古代的笛也有“笛”、“篪”（chī）等不同名称。横吹笛出现的年代，大多认为是在汉武帝时张骞出使西域将其带回中原。其实，笛在战国末期已流行，尤其在南方荆楚地区盛行，屈原的学生宋玉就写过《笛赋》，赋中曾提到当时南方的笛。1978 年，从湖北随县曾侯乙墓出土了两支竹篪，显然是古代的竹笛。实物现存放在东湖之滨的湖北省博物馆中，随时向观众演奏着楚风楚韵。

到了唐代，刘系作七星管笛，蒙膜助声，是为笛加膜的第一人。他制作的笛，成为今日之笛的雏形。

相传吕洞宾曾云游至此，在黄鹄矶上的石照亭窗上留下一首有关吹笛的诗：“黄鹤楼边吹笛时，白频红蓼对江湄。衷情欲诉谁能会，惟有清风明月知。”至于李白的“黄鹤楼中吹玉笛，江城五月落梅花。”一曲“梅花落”吹得游人难以忘怀。

唐代大诗人刘禹锡以一首《武昌老人说笛歌》将“武昌”与“笛”连在一起，令人浮想联翩。

这首“武昌老人说笛歌”用平白通俗的语言，把一个饱经沧桑的吹笛老人刻画得活灵活现：

武昌老人七十余，手把庚令相问书。
自言少小学吹笛，早事曹王曾赏激。
往年征镇戍蕲州，楚山萧萧笛竹秋。
当时买笛恣搜索，典却身上乌豹裘。
古苔苍苍封老节，石上孤生饱风雪。
商声五音随指发，水中龙应行雪绝。
曾将黄鹤楼上吹，一声占断秋江月。
如今老去语尤迟，间韵高低耳不知。
气力已微心尚在，时时一曲梦中吹。

刘禹锡（公元772—842年），中唐杰出的诗人和优秀的散文家，也是唐代重要的哲学家和进步的思想家。唐顺宗永贞元年（公元805年），刘禹锡参加王叔文、王伾领导的政治革新活动，革新失败后，被贬为连州刺史，“途至荆南，又贬朗州司马”。十年后召还长安，因作诗触犯权贵，又被贬为播州刺史。一贬再贬，可谓仕途不得志，在这点上，他与李白是相似的，用他自己的话说：“巴山楚水凄凉地，二十三年弃置身。”所不同的是，他毕竟有过“永贞革新”，虽以失败而告终，终究“潇洒走一回”，进行过尝试，故而，他的心境较之李白来得平淡，有一种历经风雨、归于祥和的感觉。

从他的身世看，“少为江南客”，打小对江南的生活有所了解，后来被贬江南，长期沉于下层，远居边荒，使他有更多的机会接触社会下层，也就是“武昌老人”之类。

从他创作的诗文看，崇尚民风。其诗，淡而味长，静而不躁，天然邃美，这就是刘禹锡着力提倡和身体力行的诗风。

刘禹锡这首《武昌老人说笛歌》作于他五十三岁那年，即长庆四年（公元824年），被贬朗州、夔州期间，至于为何与“武昌老人”相逢就不得而知。宋代的黄庭坚对刘禹锡这首诗推崇不已，他说：“使宋玉、马融复生，亦当许之。”时代在前的宋玉、马融根本不可能评价刘禹锡的这首诗，而黄山谷说宋玉、马融“复生”，亦当许可这首诗，可见，他本人对刘锡这首诗无比崇拜，所谓“刘禹锡长于歌行并绝句”。

“气力已微心尚在，时时一曲梦中吹”。这首诗也从另一侧面折射出刘禹锡晚年境况。刘禹锡到晚年患足疾和眼疾，又被排挤出朝，虽历经磨难，但仍壮心不已，不愿屈从于命运的压力，始终保持昂扬奋发的斗志。这种心态在《酬乐天咏老见示》中表白得更明了。

人谁不顾老，老去有谁怜？
身瘦带频减，发稀冠自偏。
废书缘惜眼，多炙为随年。

经事还谙事，阅人如阅川。
细思皆幸矣，下此便翛然。
莫道桑榆晚，为霞尚满天。

“莫道桑榆晚，为霞尚满天”。意境优美，气势豪放，既是刘禹锡内心世界的自我剖白，也是对老年朋友的鼓励。

东园花好

宋时，宋室南渡，在杭州建都。皇亲国戚、文人墨客、畸形繁华的都市，成就了闻名天下的西湖。鲜为人知的武昌东湖，在此时也渐被外界所知晓，咏颂东湖的诗文也不少。目前有史可查的人物首推袁说友，其次为戴复古。

东湖之名，最早见诸史料，可能是南宋王象之撰写的《舆地纪胜》。

王象之，字仪父，婺州金华(今浙江金华)人。其父名师，字唐卿，绍兴二十四年进士，官袁州宜春县主簿，乾道九年（1173 年）后曾知江州，终广东提点刑狱，“历仕州县，皆有治绩”。有文集及《资治通鉴集义》刨世，有七子，象之排行第五。象之兄弟多有读书入仕者。象之出身仕宦之家，本人也起自科第。庆元元年(公元1195年)

进士，曾于宝庆元年（公元1225年）官长宁军（今四川珙县东）文学。终毕生精力，著有《舆地纪胜》。手稿成于嘉庆十四年（公元1221年），付梓疑在绍定初年。在此之前，保留到今天的全国地理类总志有四部：《元和郡县志》《太平寰宇记》《元丰九域志》《舆地广记》，这四部皆为帝王参考之用所著，面狭目少且都没有收录进东湖。《舆地纪胜》最大的特点是集天下山川精华的诗文于一编，意在使人如身临其境，得山川之趣。在该书第六十六卷景物山川类，列有东湖，并指出东湖在鄂州州城（今武昌）东四里，“东湖，在城东四里，湖上东园，为近城登览之胜”。同时期的《方舆胜览》也记载了东湖。这一记载内容被清朝同治《江夏县志》所照录，可见南宋方志的记载是正确的。同时，南宋后期的这两部方志的记载与南宋中期文人袁说友的咏东湖的诗文正好呼应。

袁说友“字起岩，号东塘居士，建安人。隆兴元年进士，嘉泰三年官同知枢密院，进参知政事。罢以资政殿学士知镇江府，奉祠致仕。嘉泰四年卒，尝命属官辑蜀中诗文为成都文类，所著有《择善易解》、《东塘集》”。从中，我们获知，袁说友在南宋时曾官及参知政事，相当于副丞相的位置，同时还是当时一位小有名气的文人，著有《东塘集》。

官员出巡各地是常事，文人更爱游览名山大川，兼官员与文人二者于一身的袁说友也不例外。一日，来到鄂州州城（今武昌）与鄂州都统制司官员一起登临黄鹄山顶的压云亭，黄鹄山即今之蛇山，高兴之余，欣然赋诗："一带城头四望全，压云亭上更无边。手攀北斗轻飞肉，目盼南楼仅及肩。城郭千年高复下，江湖万里后还先。平生颇负昂霄志，便欲乘风送上天。"并在"江湖万里后还先"一句之后注释："大江在前，东湖在后。"由此，可以明显地看出东湖在黄鹄山以东的地方，证实了王象之说的东湖确在今武昌东。

面对东湖如此美景，当然也得游历一番，赋诗作文自是少不得，其中留下了《游武昌东湖》诗词一首："只说西湖在帝都，武昌新又说东湖，一围烟浪六十里，几队寒鸦千百雏。野木迢迢遮去雁，渔舟点点映飞乌。如何不作钱塘景，要与江城作画图。"诗中展现的东湖烟波浩淼，鸥鸟成群，树木参天，渔舟唱晚，大有与都城临安（今杭州）的西湖媲美之势。

《舆地纪胜》所说的"湖上有东园"的东园在当时已是一个鸟语花香的游览场所，吸引游客不断重来游览。这里有与袁说友同时期的诗人戴复古的诗文为证："鄂渚三千里，南楼看月回。东园花正好，去岁客重来。兄弟皆名士，文章动上台。倾城倾国色，也用觅良媒。"

可见，东湖及湖上的东园在南宋已成为文人名士吟诗作赋，游玩尽兴的胜地。

只可惜，东园建于何时，何人所建，为何而建，无从查考，这些只有留待方家去考证了。

郭郑湖河泊所

东湖由郭郑湖、水果湖、汤菱湖、小汤菱湖、小潭湖、团窝、雁窝等组成，近代因位于武昌东郊而得名。明代在湖畔设有征收渔课的郭郑湖河泊所。

郭郑湖名称的由来，据 1946 年 9 月武昌市政处一件关于东湖湖权之争的纠纷案记载："东湖原名郭郑湖，盖取郭郑之意，系指湖近郭郑两大姓而言，当时湖权或属于彼等。"

保存至今最早有关郭郑湖河泊所记载的，是明嘉靖年间《湖广图经志书》中的郭郑湖河泊所，同时所设的还有余家湖河泊所（沙湖，古称余家湖）。

谈起河泊所的设置，还要从元末明初农民起义中建立大汉政权的陈友谅说起。陈友谅（公元 1320—1363 年），沔阳人，略通文义，曾为县小吏。公元 1351 年，加入徐寿辉领导的农民起义军。

陈友谅以江汉平原为依托，以武昌为重要据点之一，与元末群雄共争天下。江汉平原河湖众多，湖汊纵横，水产丰富。《墨子·公输篇》中就有"云梦，犀兕麋鹿满之，江汉之鱼鳖鼋鼍为天下富"的说法，鲤、鲢、鲂、鲫、鲭、鳊、鳅、鲩、鳗、鳝、鳜、鲷、鱿、鳡、虾、蟹、龟、鳖、螺、蚌、蛤、乌贼诸鳞介之属，无不具备。江汉地区"楚壤半陂泽"，靠山吃山，靠水吃水，直到明清时期，以天然捕捞为主的淡水渔业仍相当发达。陈友谅本是渔家子，对渔业之丰、渔利之厚了如指掌。争霸需要资金，需要强大的经济作后盾。朱元璋有江浙地区世代豪强地主们的支持，陈友谅则把眼光瞄向了江汉平原丰富的渔业资源。元顺帝至正二十四年（公元 1364 年），陈友谅率先在湖广地区设置河泊所，开渔课之征先河，而且已具相当规模，真是“坐收渔利”。

陈友谅为人机敏，但心胸狭隘，大业未成，先翦除异己，结果众叛亲离，与朱元璋在鄱阳湖口决战，大败而亡。今天的武汉长江大桥武昌桥头，还有陈友谅墓。

元至正二十四年（公元 1364 年）二月，陈友谅之子陈理率部属在武昌出降，朱元璋占领武昌，设立湖广行中书省。洪武元年（公元 1868 年），朱元璋承袭陈友谅的做法，在全国（以长江流域、珠江流域为主）推行河泊所制度，渔课成为主要赋税项目之一。在地方官授职到任须知中，专门列有“鱼湖几处，岁课若干，备开各湖多少”一项，具体规定：“所属境内若有鱼湖，须报总计几处，岁办鱼课若干，内某湖坐落某处，岁办若干，逐一开报，以凭稽考”，还有河泊所几处、河泊官几员，等等，都要清清楚楚。可见，明朝十分看重江河湖泊的渔业资源，不再任其自然，将其纳于国家的税收之内，捕鱼捞虾同种田收粮一样要完税。渔税成为明朝重要的财政收入之一。这一方面加速了对江河湖泊地区渔业资源的开发，同时也无形中增加了人民的负担。

郭郑湖河泊所的设立，具有非同寻常的意义，是保存迄今国家

以官方名义对东湖地区渔业资源首次主动开发的最早记载，表明国家对湖泊资源开始关注。

据史料记载，河泊所负责征收渔课，设官1人，称河泊所大使，或称河泊所官；又设吏一人，称攒典。明初规定，河泊所依每年渔课额多少设置官员，300石以上至1000石间设官1员，1000石以上至5000石间设官2员，5000石以上至10000石间设官3员。但湖北省尚未见到设官2员、3员的河泊所。因而可以估计郭郑湖河泊所每年渔课在300石～1000石之间。

以“石”作为渔课的计量单位，似乎渔课所征，开始多为米粮，并非水产。洪武十八年（公元1385年）规定：“各处鱼课，皆折收金银钱钞。”此后，渔课征米极少。宣德七年（公元1432年），又明确规定湖广、广西、浙江等地“鱼课办纳银者，每银一两折钞一百贯。”于是，钞成为渔课征收的主要内容，即“渔课钞”。同时有部分地区征收银、铜钱或米麦，又称“渔课银”。

又据《明会典》第二百卷“河泊麻铁”等课载：“河泊所旧制，设官管征麻、铁、鱼油、翎、鳔等料，以为造船之用。原解本色，如遇丁字库收贮数多，间改折色。嘉靖四十二年（公元1563年），以广东、广西、福建、四川地远，全征折色，其余司库，仍征本色。万历三年（公元1575年），丁字库黄麻、熟铁、络麻、翎毛收贮数多，将浙江、江西、湖广并南直隶十四府州题改折色，其余各料仍解本色。”可见，河泊所渔课的范围极广，它不仅征收钱钞银粮及渔副产品，而且还涵盖除种植业以外的其他农副产品。渔课的征收也很灵活，根据库存的多少、地域的远近，或征物，或征钱；或部分项目征物，部分项目征钱。可根据国家的需要，随时进行调剂。“翎羽充王贡，鱼虾八岁征。”

明代渔课的实质是对渔业生产进行征税。各河泊所都管辖一定数量（面积）的河、湖水域，对在水上从事渔业生产的渔户征收渔课。渔课在有的州县亦称为湖课。

明代，河泊所屡有裁撤，但渔课并不减，由各该府州县代管渔课或归并附近河泊所，“岁办不缺”。

渔课一直延续到清代。据公元1714年《江夏县志》记载：“更名郭郑湖等九湖地款项：原额长江余家、郭郑、汤孙、严家式、鲁湖、金口垱、斧头、梁子九湖，鱼课银一千七百四十九两七钱五分四毫外，顺治八年奉布政司发下，代征嘉鱼县长河湖渔课一百三十二两九钱九分五厘五毫。（系鱼办纳）”

这里的“更名”二字，即更名田，历史学家向来有两种说法，它们是明代王府遗留至清的产物。

一说“更民田为官田”，明代分封各地的藩王，都拥有大量的藩国庄田，但王府贪婪无厌，不断巧取豪夺，兼并土地，扩张王庄，霸占民间的土地。被兼并的土地，既要纳国家的赋税，又要交纳王租，“一田两税”，且遇灾不蠲，民不聊生，怨声载道。入清以后，田尽归民，清顺治九年，踏勘土地，但仍保留“更民田”的叫法。另

《江夏县志》中的郭郑湖

一说，“更名田”即更渔课为渔粮。“渔粮者，以地常浸，只能蓄鱼，完纳执照注明‘更名’字样。”《陈氏家乘》载：“前明湖河塘港及水塌所纳之粮曰课。……（清）康熙初改课米为渔粮，曰更名。每课米一石折纳渔正银二钱四分……”所谓更名项下，实指渔粮项目。历史上有许多河泊所曾拨归王府营业。楚王最早就封于湖北，是明代存在时间最长的藩王。郭郑湖河泊所是否曾拨归楚王，史不可考。但上述记载证明，清初，郭郑湖确实改渔课为渔粮。

明代先后推行里甲制度和保甲制度，同时设置巡检司，维持地方治安，早在朱元璋占领湖广地区的当年，即元至正二十四年（公元 1364 年）已有巡检司设置。如江夏县浒黄州镇巡检司，郭郑湖就属浒黄州镇巡检司管辖。郭郑湖的具体经营情况，据 1946 年东湖产权纠纷案的有关案卷记载：“郭郑湖（即东湖）产权，自清初以来，即系五牌十三姓所有，民族其一也，持有红契，完纳渔课，县府有册可查。民国初，湖主中有卖与武汉大学者，也不过六分之一，轮流经营，历来无异。”郭郑湖虽因湖边多姓郭、姓郑人家而命名，但它属“五牌十三姓”所共有，每年派一个“值年代表”轮流经营。“春夏力农，秋冬业渔”，耕渔兼业。有民谣道：“我乡本泽国，丰年亦乐土。置身鱼鳖中，出没蛟龙薮。稚子作钓钩，老妻作网罟。虽得鱼虾餐，更被征徭苦。”“一家一个打鱼舟，日日朝朝水上游。”湖边多芦苇，泛舟湖上，“水国舟为市，渔家苇作墙”，湖水广阔无垠，烟波浩渺，“风微鸥戏藻，沙静鹭衔菱”。渔民们忙着撒鱼网，捞鱼虾，摘菱角……“菱芡充常贡，鱼虾售远商。”傍晚时分，个个满载而归，渔歌唱晚，“最爱停舟处，渔舟送夕阳”。

东湖的捕鱼业也许早已存在，江夏曾有鲟鳇之贡，尤其在洪涝灾害时，捕捞业更加重要，成为维系民生的一线希望。荆楚有民谚：“鱼贵则米贱，米贵则鱼贱”。郭郑湖河泊所无疑是东湖历史发展的一个里程碑，它是国家开发东湖渔业资源的见证。它表明，历史上，东湖很早就因为渔业而受到国家的重视。

游龙戏凤李家湾

宋朝以前，一李姓族人住在江夏县（今武昌区）姚家岭一带，后来族中有人犯了命案，为躲避官府追捕，李姓族人只好离开姚家岭，来到荒无人烟的郭郑湖边，结草苇草，以打鱼为生，繁衍生存。

时光荏苒，到宋徽宗时期，一日，宋徽宗扮成普通军爷微服私访，来到姚家岭，进到一家民间小酒店里，这家小酒店是一对兄妹所开，当时兄长外出办事，只留小妹李凤姐在店里主事。扮成军爷的皇帝见款待他的小女子容貌姣好，聪慧灵巧，自有一股清纯朴素之美，便有了招她进宫之意，于是话里话外试探、诱惑凤姐，看她品性是否端正。

凤姐初时不解“军爷”之意，见“军爷”言语轻薄，举止放浪，以为遇见不良之徒。她每天在小店周旋，各色人等见了不少，应付自如，哪里把“军爷”的调笑当回事？也就与“军爷”你来我往针锋相对，既不得罪军爷，也不让自己吃亏，应对机智巧妙、不卑不亢。“军爷”大喜过望，渐渐透露出自己的心意。凤姐慢慢悟出“军爷”的用意，见眼前的“军爷”仪表堂堂，器宇不凡，也心生爱慕。自己青春正好，尚未婚配，何不就选这位“军爷”？

于是，凤姐反过来试探“军爷”。“军爷”见凤姐如此秀外慧中，更是喜欢。这一番偶遇，虽不似才子佳人的风雅，情趣意味却有过之无不及。两情相悦，皇帝回京后，立即颁下诏书，命人召凤姐进京，封为妃子。

如此，凤姐被皇帝招进宫中，当了妃子，李姓族人大喜过望，他们居住的湖岸立即被称为李家大湾，李家大湾也被人们当做风水宝地。

李家出了王妃，合族高兴。族人相约进京朝见皇帝，一则看望身为贵妃的凤姐，二则也为讨些封赏。皇恩浩荡。徽宗将江夏县湖泊的一半封赐给李家族人。江夏县水域辽阔，李家族人看着浩浩水面倒犯难了，别说没那么多人去水上劳作，就是管也管不过来。于是，他们商量出一个巧计，对外声称皇帝赐给他们的是郭郑湖，回复皇帝时谎言他们觐见心里惶恐，将皇帝赐封江夏“各湖一半”，听成“赐郭郑湖与李家”。徽宗明知其中有误，心爱凤姐，又见李家并不贪心，所得反而比所赐更少，也就顺水推舟，将错就错。从此郭郑湖就成为李家的产业了。郭郑湖就是今天的东湖，因为位于珞珈山东面而得名。后来，珞珈山之南的湖泊就称为南湖，山之西的湖泊称为沙湖，山之北的湖称为严西湖。东湖的名称沿用至今。

郭郑湖原本是岳姓家族的产业，岳姓家族居住在岳家嘴，据说是岳飞之后。岳家听说本家湖面转眼成了李家产业，心里不服，告到官府。两家人在江夏县过堂时，李家搬出皇帝赐给凤姐的衣物和白绫裹脚等物证，知县也知道东湖边的李家大湾出了位宠妃，官司自然向着李家，东湖就判给李家了。不过，李家那不是还有其他湖泊的大片水面吗？岳家去打鱼围堰，李家也不说破，官司就这样平息。

传言凤姐的妃子衣着和白绫裹脚一直由李姓族人保存至今。

或许是凤姐进宫颇具戏剧性，发生在李家大湾的这件事不胫而走，很快传遍大江南北，后来又被编成戏本传唱。尤其是京剧，将其定名《游龙戏凤》，成为京剧名戏。这出《游龙戏凤》久演不衰，不少剧种都有借鉴翻新，演绎出很多版本，京剧荀派更将起打造成经典剧目，俏皮灵秀的凤姐形象深入观众心里。

《游龙戏凤》的故事本来是一件美事，但是在流传的过程中出

民国时荀慧生与其他演员的合影

现许多枝节，加上那时候的戏曲为了取悦观众，戏中增加不少插科打诨、男女调情的成分，有伤风化，李姓族人觉得这出戏“观之不雅”，有损凤姐形象和李家声望，因此，大家一致决定，李家大湾禁演《游龙戏凤》这出戏。此禁代代相传，到今天还没有解除。

其实，经过解放后的戏曲改革，今天的《游龙戏凤》已经去掉了那些陈腐不雅的东西，诙谐而不粗俗，观赏性很强。《诗经》中有许多谈情说爱的章节，圣人评价为“发乎情而止乎礼”，蒙童稚子读书，开篇就是“关关雎鸠，在河之洲”，凤姐与徽宗虽然相遇村野酒肆，私许终身，但成乎朝堂，终是佳话。这段在东湖边成就的龙凤姻缘比起白蛇与许仙在西湖演绎的传奇毫不逊色，应该广为宣传、为湖山增色才是。

郡主与郡马的“一梦缘”

20 世纪 30 年代，在东湖边卓刀泉曾挖出一块断碣，上书“大

明殉难节义郡主朱氏凤德之墓”。引出在明末离乱之际，楚王府郡主朱凤德与汉阳王国梓的一段短暂而凄婉动人的爱情故事。

要说起这段姻缘，还得从明楚王说起。自明初朱元障实行分封制，在楚地封楚王，到崇祯十六年（公元1643年），楚王共传了9代，最后一位楚王是朱华奎，后被张献忠部攻破武昌后沉于长江。

朱凤德是朱华奎的女儿，楚王府的郡主。楚王府在武昌府城的中心地带，蛇山中峰高观山南麓，坐北朝南，其范围大体是背倚高观山，前临大朝街（今复兴路），左接阅马场，右与长街（今解放路）相邻。规模庞大，富丽堂皇。朱凤德从小生长在深宫内院，崇祯十六年，正处在及笄之年，笄，是古代束发用的簪子，古代习俗女子满十五岁，才把头发绾起来，戴上簪子。这时父母就可以为她许配人家了。朱凤德仙姿玉貌，智慧贤德，琴棋书画，无所不能，然而“养在深闺无人识”。这一年，按惯例，楚王朱华奎奉旨为爱女遴选东床。古代女子都是通过父母之命，媒妁之言，论嫁成婚，贵为皇家郡主，也不能自主。

明正德十六年（1521年）湖广图经志图中的楚王府位置

明代藩王是为拱卫王室所设，它不仅拥有专门的亲王护卫队，而且还负责监督地方军政事务，实际上是明朝廷在各地方的代表。当地布政使司及府县的行

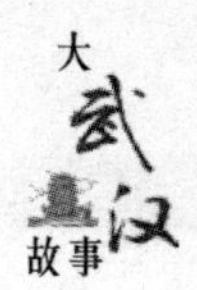

政、军事长官，每月初一和十五两日，都要定时谒见亲王，汇报政务。于是，朱华奎就把奉旨为郡主招驸马一事跟各位大员说了，命湖广提学道在科考的诸生中留心选择。

王国梓，字廷瑞，号两峰。生于汉阳花雨村，崇祯末年，刚好17岁。他自幼丧父，母亲守寡，靠着祖上留下的二百多亩良田，将他拉扯大。他熟读经书，生性儒雅，相貌堂堂，一表人才。这一年，王国梓参加县试，获第7名；参加府试，获第6名。湖北提学道因为身负王命，刻意留心，见到王国梓，顿觉眼前一亮，此人英俊疏朗，举止优雅，气质不凡，真是“姿容艳丽，郡马佳缘”。于是命王国梓第二天一人单独上殿面试。

第二天，王国梓被引进楚王府，在偏殿等候时，就时不时有宫中太监来偷窥。王国梓还被蒙在鼓里，心中坠坠不安。这时两太监引出一个头戴方巾之人出来，那人拿出小玉尺，量了量王国梓的手掌，说：“贵人手也。”不久，楚王朱华奎召见，楚王说：“孤有爱女，及笄之年，奉旨妙选东床，卿诚快婿也。”王国梓诚惶诚恐答道：“臣蓬茅下质，草野庸才，恐有辱王室门风。”随后，楚王赐服，金带一条，纱帽一顶，蟒绣一袭，朝靴一双。楚王环问左右：“何日为良辰吉日？”有官答道：“明日即是。”于是择定明日举行婚典。楚王又问：“父母在乎？”王答以：母尚在。于是命其先回家禀告老母。

王家早已被地方官员装饰一新，王母也身着老夫人的装束，前来道贺的地方官员、亲朋好友，络驿不绝，门庭若市。王国梓将详请细细禀告母亲，王母欣喜万分，不停地祷告，感谢王氏的先祖荫泽后世，保佑平安。

第二天黎明，迎接驸马的彩舆就来了。仪仗隆重，簇拥着王国梓浩浩荡荡进入楚王府。王国梓下车登正殿拜见楚王和王妃，行子婿礼，与郡主行夫妻之礼结为夫妻。难得的是二人相见并不陌生，互相欢喜两情相悦。楚王看着这乘龙快婿深得自己掌上明珠的喜爱，大喜过望，敕宴五日。五日内，郡马不仅尝尽宫中山珍海味，奇馔珍馐，而且发现朱凤德郡主多才多艺，琴棋书画，莫不精通，而且还擅长许多稀奇玩意儿。二人珠联璧合，卿卿我我，恩恩爱爱，形影不离。郡主生性活泼，性格开朗，丝毫不因郡马出身寒微而颐指气使，娇横霸道。只以为这琴瑟之好，永续长远。

谁知“天有不测风云”，第七日，郡主、郡马拜见楚王，得知农民起义军张献忠已打到武昌城边，准备攻城。武昌城内早已一片恐慌，百姓纷纷外逃。可怜郡主、郡马闭锁深宫，难知外界真情。次日，楚王传来谕旨：危难之时，郡主郡马理当殉节，后因郡主朱凤德求情，楚王又下一道谕旨：郡马因老母在堂，尚未尽孝，可不殉节，令速出宫。新婚燕尔，却要生离死别，郡马不忍离去。朱凤德深明大义，临危不惧，对郡马说：“贼寇横行，我恨自己是一弱女子，不能冲锋陷阵，为父分忧。我为宗室之女，殉节是尽忠尽孝。郡马‘毋以一妇人故而贻母忧也’。”她收拾一些金银细软给郡马，催促其快快出宫。末了，郡主叹道："世世愿为夫妇，生生不入帝王。"强忍眼泪，将郡马推出宫去。

郡马出得宫来，见路上到处都是逃难的人群。他赶回家中，背起老母，随着人流逃出保安门，投靠嘉鱼县莲荷洞的表弟躲避战乱。

三个月后，风闻左良玉已收复武昌城，郡马潜回府城，只见昔日金碧辉煌的楚王府，已变成一片瓦砾，满目荆榛，只有郡主曾居住的毓凤宫独存。正黯自神伤，忽见一蓬头垢面之人问他："你是新驸马吗？"定睛一看，原是毓凤宫的老太监，询以当日之情形，老太监告之：郡主与郡马农历四月十日成婚，四月廿一巳时殉节。临行前，郡主告以老奴："我虽为帝王女，却是王家妇，一定要等郡马回来盖棺，安葬于郡马先人茔侧。"并为郡马制好了孝服。太监又说：当日破城，毓凤宫异相纷呈，似有郡主神灵保佑。先是进入毓凤宫的贼兵个个腹痛倒地，七窍流血而死。后来贼兵欲用火焚烧，刚一点火，只见宫内升起一股黑旋风，火势反转，反而烧伤了贼兵自己的脸面。张献忠听了不信，亲自来到毓凤宫前，监督士兵焚烧。刚一点燃，又是一阵风沙卷起，将火扑灭，如此三番，几次反复。不得已，张献忠只好命人封锁宫门，左右分插二旗，布告："严禁入内，违者格杀勿论。"所以当楚王宫惨遭烧杀劫掠、喊杀声一片时，毓凤宫得以保存下来。宫人早已散去，只剩下老奴和另一太监及郡主的乳母和贴身侍女，靠着宫内原先所贮的粮食苟活下来，以待郡马。王郡马听了，早已泣不成声。二人进入宫内，来到郡主棺前，只见郡主安卧棺内，历时 103 日，红颜未改，仿佛睡去一般。贴身侍女进前禀告：郡主为等郡马盖棺，死前服用了半升云母粉，得以驻颜。并说郡主临死前曾留郡马一封亲笔绝书。郡马展信一看，郡主在信中将后事交待得清清楚楚。宫内所遗金银珠宝全由郡马处置，府库钥匙在何处，一一列明；去留人员由郡马定度，但请郡马赡养乳母；并再三劝郡马不要因她而殉情，请纳贴身宫女为妻，代她尽孝于婆母跟前……

王国梓后来遵照郡主的遗愿，在洪山旁卓刀泉联锦村水竹坳买了 800 亩地，在此隐居下来，并将郡主安葬于此，改名驻凤村。守在郡主坟旁，看着郡主的画像，日日思念，多年不思嫁娶。后在老母屡屡催促下，与郡主的贴身宫女订了一年的婚约，生下一子后，侍女知道郡马难以忘怀郡主，自己也完成了郡主的使命，于是愿出家为尼。王国梓劝道：儒生之妻不可为尼，可收拾几间房屋，作居家道姑。王国梓独居一生，活了七十多岁。临死前将他与朱凤德郡主这段凄美动人的爱情故事抟集成册，刻石成碑，以免湮没于世。

投试文场，竞中乘龙之选；“六日合欢”，竟遭惊天之变；一旦生离，竟是终身死别；阴阳相隔，难绝缕缕思念。他叹道：“嗟乎，此一梦境也。”因而取名《一梦缘》。“百年流水尽，万事落花空。玉人何处也，天上会相逢。”

张之洞筑“武丰”与“武泰”闸

东湖因位于武昌古城的东部，而被称作“东湖”。据史料记载与民间口述，在100多年前，东湖属沙湖水系，东湖、沙湖及白洋湖原本相通，并与长江连接。那时整个长江南岸的湖泊面积广大，江和湖互相联通，也无人工堤防防御水患。每年夏季长江涨水，或春天水势稍大，江南便至漫淹，江水将沙湖、郭郑湖（今东湖）连成一片，自江岸直抵磨山一带，一片汪洋。

光绪二十五年（1898年），湖广总督张之洞，着手修筑堤岸事宜。计划堤岸分南、北二段，北堤从省城之北武胜门外新河起经红关至青山一带，计三十里，后人称之武青堤。该堤于光绪二十五年春动工。初从红关至青山之堤着手，分成8段，委知州李绍远，副将吴元凯等承修。因地势过低，故定堤防之高为1丈至1丈7尺，堤面一律宽2丈。北堤告成后，乃修白沙洲至金口之武金堤，是为南堤。分作十段，分别委员兴修。南堤尤为广远，堤内地段东过东湖门，南抵八风山，清朝督标马厂即在其内。每逢夏间江水内灌入南湖、巡司河等，诸湖及河道淹成一片，其旧存堤址，大半距江岸甚遥，张之洞乃决定于沿江附近改作新堤，使旧日滨江被淹之地并包于新堤内，涸出田亩不可胜数。南堤绵亘五十里，增筑高度一丈余不等，堤面一律宽二丈。堤外令其种植柳树，柳树之外栽种芦苇，以御风浪而护堤根。

张之洞像

外江之水，筑有堤防，以御泛涨；内湖之水，须建有闸座，以资宣泄。张之洞乃于南北各修水闸一座，闸建成，南边巡司河上称“武泰”闸，北边东湖出江口处名曰“武丰”闸，因时启闭，蓄泄有资。

沿江旧有石驳岸，增建加高，使内河水可泄，外水不入。

武胜门外未有石驳岸之处，一律加修石驳，俾资捍卫，其南北两端与新筑南北两长堤相接之处，则加筑高厚土堤，使与长堤相等。

光绪二十八年（1901 年）全部竣工。

南北两堤及两闸既成之后，白洋湖逐渐淤积成小港，东湖与沙湖分离，由与长江相联的天然湖泊成为人工调控的人工湖泊，水域面积 30 多平方千米，由于其独特的地质构造，几十年来，水域面积变化不大，现在测量的结果，为 33 平方千米。

自从张之洞修堤筑闸后，武昌地区发生很大变化，其一，涸复田土甚多，新增沃土无数，于官于民皆有利；其二，最有益者，计划红关至青山一带为粤汉铁路发轫之地，此堤筑成后，阻挡住洪水，不至淹没铁轨，于铁路经费所省极多。其三，省城迤南之金口为上游自湘岳入鄂省之门户，省城迤北之青山为下游自黄州到武汉之要隘，此两处皆可以置炮屯兵，他日若武汉江防有事，则由省城南至金口、北至青山此九十里中皆有高岸平堤，兵队及马车炮车可以昼夜通行，往来援应，调度捷速，尤为省防胜算。

此次修堤筑闸花银 10.8 万两（白沙洲至金口堤用银 3.5 万两，红关至青山堤用银 5.3 万两，修“武泰”、“武丰”两闸用银 2 万两），均由振捐局支拨。

南北堤建成后，张之洞派员设立清丈局，共计勘丈良田 20 万亩，按张之洞的想法，“此地一部划为官办农场、畜牧场，一部划给农民租种，所交租金，均作长期修补江堤之用。”

这也算是张之洞给武汉做的一大善事。

白洋桥寻古

在东湖通向长江的古河道上，今武汉市洪山区和平乡北洋桥村有一座古桥，名曰北洋桥。桥下尚存有一条小河，称青山港，下接东湖，上连青山，经武丰闸入江，用以排东湖、沙湖的洪水。青山港是解放后疏导原水道而建成，把北洋桥村从中隔开，分为两半，成为村中一景，别有情趣。

北洋桥，又名白杨桥，是武汉最早的一座古桥，也是武汉唯一尚存原貌的古石拱桥。据史书考证，白杨名称始见于南北朝《梁书·武帝本纪》，公元501年，梁武帝萧衍攻打今武昌，命唐修期、刘道曼屯白杨垒。白杨垒为武昌之门户，又是兵家必争之地，隋唐两代常为屯兵之所。因此，唐代建有竹木结构的白杨桥，是有历史根据的。据《江夏县志》载：明弘治甲子年（公元1504年），江夏官员周玺目睹白洋渡口往来客商候舟之不便，决计修桥。后得好友陈延英的资助，选定桥址，组织劳力，破土动工。当地村民从100千米外运来青石1.2万余片，檄石匠百余人，历经数月桥成。

当地百姓说，石桥正式修建于明嘉靖年间（公元1522—1566年）。明代，此地是出武昌城武胜门北上的要道。并说，此桥东北端原有明代万历年间（公元1576—1619年）立的“楚城白杨石桥碑记”，但字迹所留无几，难以辨认。还有一块石碑是1915年乡人李凌重建此桥时所立，内载：“此桥兴自唐代，名曰北洋，明清二代，屡建屡圮，行人苦之。”

重修北洋桥的李凌，即一纱厂的创办人李紫云。湖北省江夏县人（今武汉洪山区和平乡）。青少年时期当过学徒，后开“福康隆”烟土店，逐步发家，继而经营棉纱、匹头，集起了约200万银元的资金。宣统三年，任汉口商务会会董、总理（后称汉口总商会）。辛亥革命，李紫云积极支持起义军。首义之时，连夜将数十担馒头、酒肉送至起义军营地，犒劳军士，并赠10万银元给起义军。黎元洪曾赠给李紫云一副对联云：“财力雄厚，协助共和；理事明通，赞同起义。”后黎元洪离鄂北上，就任民国副总统，得知李紫云办一纱厂，又馈赠李大红匾额，亲笔题写：“发家致富”四个大字。

李紫云在辛亥革命后，继任汉口总商会总理。因此与当时汉口工商界、全国工商界知名人士交往日密，通过接触，使李紫云眼界逐渐开阔，日益感到办工业更有利于国计民生，且利润丰厚，拟将资金转向工业。而此时，正逢徐荣廷的楚兴公司承租了湖北纱、布局，生意兴隆。当徐困难时，曾向李借银济急，后徐将李的借款作为楚兴公司股金，分给李紫云30万两银子的红利，更促成了李办纱厂的决心。由搞烟土转到办工业，这在李的一生中是一个重大的转折，使他成为当时华中地区大纱厂的创办人。

李紫云决定办纱厂后，经过与程栋臣、程沸澜、刘鹄臣、刘季五、彭玉田、毛树棠、陈蔚南等多次磋商，决定不与官股合作，定名为“商办汉口第一纺织股份有限公司”。之所以取名为第一纱厂，几位筹建人打算还要建立更多的纱厂，就依次命名第二、第三……纱厂。关于厂址的选择，最后定在武昌武胜门江边曾家巷。因为办纱厂，首先要有一个好码头，便于原料和产品的进出。当时汉口沿江一带，都被工商企业和洋行等机构占有。而武昌江边地方阔，地价比汉口低，运输方便、地基好。同时几位筹建人迷信“堪舆家”的推断：这里正对汉水入长江处，风水好，一定会生意兴隆，财源茂盛。

白洋桥寻古

工厂初期占地约150亩，共集股金212万两折合银元约300万元。经过紧张的筹建于1919年冬正式开工。头两年可日产棉纱160包，十二磅细布2000余匹，成为华中最大的纱厂。

北洋桥就是在筹建一纱厂的过程中修建的。现存的北洋桥桥的跨度为9.5米，宽7至11米，拱跨度约14米，两头宽，中间窄；加上两端的引桥，全长50米。拱圈采用镶边纵横砌置法砌筑而成，顶部离水面一般为6米，水深一般为5～6米，可行蓬船。桥由一色的红砂石砖砌成，每块石砖长40厘米，宽25厘米，厚15厘米。引桥原为青麻石踏坡，每块青麻石长1.3米，宽0.4米，厚0.15米。桥两头各有两个石狮子，现在只剩下一个狮子头了。桥两边各有六根石柱，石柱两侧刻有槽子，中嵌青麻石板为栏杆。

北洋桥为单拱坡顶式。是一座典型的东方古石桥，与著名的赵州桥结构相似，只是小一些，两头各少一个泄水孔。80个春秋过去了，此桥历经风雨，却保存了下来，基本上完好无损，至今仍可为行人奉献交通之便。

据当地村民反映，北洋桥有一奇，夏天无蚊子，当地老少都到桥上纳凉过夜。每到夏日炎炎，热辣辣的太阳收起它的威风，人们赶紧扛着竹床，拎着小板凳到桥上抢占有利地形，吸一点桥下的河水，遍洒桥身，让蒸汽带走白天的暑热，舒舒服服地或躺、或靠、或坐、或站，轻摇着手中的蒲扇。啜一口壶中的香茶，清风吹过，一天的疲劳和烦闷都随风而逝。

白天，则呈现一派浓郁的农村风情：桥上人来车往，桥下鸭儿成群，孩童嬉戏，荷花飘香，彩蝶翩翩。树荫下，小渚间，几位老者正凝神垂钓，怡然自得。

1931 年武汉大水，江堤溃口，三镇被淹，北洋桥的栏杆也被冲坏了。1938 年，国民党组织武汉会战，长江是第一道防线，这里是第二道防线，为了走车，把北洋桥引桥的踏坡改为混凝土坡，并修了东头引桥的护墙，将冲垮的栏板砌于护墙上，保存至今。

1988 年，北洋桥被列为市级保护文物，1993 年 10 月，市府办公厅正式把北洋桥列为“八五”期间重点抢救维修文物保护单位，并着手维修，将其恢复到民国初年的原貌，保留下来的碑文石刻立于原处，供游人观赏。并将老桥保护起来，禁止车辆通行，以近旁的一座新桥取代交通。

武汉东湖故事

大武汉故事丛书

第三章　台榭起栋宇　花圃立水云

——民国近代

任桐的《沙湖志》

沙湖，在武昌商埠东，湖侧多芦苇，在清张之洞修闸之前，沙湖与东湖是连成一片的，且与长江相通，东湖属于大沙湖水系，我们暂且称之为：大沙湖。

任桐，字琴父，浙江永嘉人。喜爱名山大川，嗜画山水，“遇一丘一壑必纵览而毕登。”前清光绪庚子，宦游至鄂，一日，闲步出武胜门外，沿东北行至沙湖，远望洪山、灵泉、九峰诸山，星罗棋布，沙湖一衣带水，掩映于诸山之间，若隐若现，近看湖水清澈见底，湖面宽广，虽无楼台亭榭，隐匿于榛莽之间，却难掩其天然之秀质。任桐顿时喜欢上了大沙湖这块地方。不久，即在沙湖之西筑琴园。莳花种竹，自娱自乐。

说起筑琴园还有一个奇异故事。辛亥革命后，任桐寄居武昌沙湖，不闻世事，自号沙湖居士。1916 年八月初五，任桐与陈君出武昌武胜门外，至沟口一带视察商埠情形。忽然有一条狗口衔一物从一棵柏树下跑出，见任桐二人经过，受惊将口衔之物弃地而逃。任桐走近一看，原来是一个刚刚出生的女婴，于是带回家嘱咐夫人邱氏好好抚养。邱氏爱如己出，取名“我改”。这个女婴后来就是任桐的第二个女儿。奇怪的是，自此事之后，任桐渐渐转入坦途，一帆风顺。任桐感念于此，加上以前对沙湖的忠爱，于是在 1917 年春，于武胜门外五里许，黄鹤楼之北，沙湖之西沟口地方，购地百亩筑

任 桐

琴园，柏树仍留植园中“渡春桥”侧，以作纪念。

琴园东滨沙湖，南达江夏，西接长江，北近青山。琴园面积 4000 平方丈，合 66.6666 市亩，4.4444 公顷。园之正面适对汉阳大别山（今龟山），有伯牙琴台古迹，有人以为任桐向往古人，故名琴园，其时不然。任桐字琴父，此园是“琴父筑之，琴父居之，乃以己字字之”，命名为琴园，表达任桐“乐在乎高山流水之间”的志向。

此前，沙湖交通不便，游人皆视为畏途，故成一荒僻处所，人迹不到。任桐建琴园后，情况大为改观。他在待驾山建歌笛村湖山第一，为游人憩息之所，又建引胜桥以利交通。还从沟口商埠辟一路至引胜桥，为琴园路，由引胜桥至待驾山又辟一路为湖山路。自此湖光山色顿易旧观，车马往来，始称便利。

1923 年，任桐在广泛收集资料基础上著作《沙湖志》，此为世

1923 年的琴园一景

人第一次为大沙湖立传。他从园林风景欣赏的角度，首次提出了“沙湖十六景”。他所确定的“沙湖十六景”，包括了今天的东湖和东湖风景区，甚至远至梁子湖、灵泉山（即龙泉山）。所以任桐虽然不是发现武昌城东东湖之美的第一人，但绝对是对武昌城东湖泊群风景点加以概括和总结、研究与提炼的第一人。

在此，他第一次对武昌城东郊湖群风景特点进行微观研究，第一次对城东湖群风景区进行总体规划，并且将大沙湖（其中当然包括东湖）与名扬天下的杭州西湖相媲美。《沙湖志》一书，是清末民初研究武昌城东郊东湖之美的集大成者，对后世开发和利用武昌城东郊湖泊群旅游资源功不可没。

在《沙湖志》中，任桐将武昌城东郊湖泊群，统称为大沙湖。他搜罗史书，挖掘出大沙湖地区许多名胜古迹，如湖山第一、万卷书楼、瑞芝堂、银瓶井、寻乐斋、桃溪、清风洞、云游洞、闻泉亭、望书亭、水心亭、白鸥亭、羡鱼亭、惜阴亭、镜川台、永嘉别墅、琴堤、引胜桥、恨石、浪淘石、浴鸥岛、玉锁岩、静春台、九峰山正觉寺、东岩、洞宾仙迹、长山烈妇碑、念西居士林等等，每一处都有题联。其中与今天东湖风景区有关的有：湖山第一——建在沙

湖西待驾山，民国癸亥秋，任桐首次在此建一亭，故名曰“湖山第一”。自此凡游人到此，可览全湖之胜。任桐题联：“管领一天风月，别开三十里湖山”。桃溪——在卓刀泉侧，楚宗五岳别墅，环溪种桃。清风洞——在马鞍山东，洞中别有幽趣。云游洞——在来王山，山上有白云如游行状，近视乃一洞，深入有石室，年久不稽，出洞口，白云依然，遂名。闻泉亭——在卓刀泉侧，扬闻泉建，石上流泉声不绝于耳。任桐题联：“石上有清音，滴滴响泉，不妨入耳；山中无别调，涓涓流水，可当鸣琴。”白鸥亭——沙湖多白鸥。浴鸥岛——湖中有岩石，磊落不凡，石旁水清如镜，任桐见白鸥皆浴于此，故名。浪淘石——离浴鸥岛不远，宛在水之中央，淘尽古今波浪，成此坚僻之志，又名枕流。恨石——在逻迦山金冢下，临湖，有怒形，任桐为金月英抱恨题词……任桐还准备在待驾山建书云塔，在龙头山（今磨山）建九九塔，以效杭州西湖边二塔。还拟在磨山建“重阳楼”，逢重阳节，登高望远，有风雨满城之感，连楹联都题好了：“风雨满城正佳节，重阳凉秋九月；楼台倒影看碧梧，叶落黄菊花开。”还准备在浴欧岛建镜川台。可能由于后来资金见绌，未能实施，但任桐把他对大沙湖地区各景点的总体设想和规划，都写进了《沙湖志》中，对我们今天也不失为一种借鉴。

沙湖之美因任桐竭力营造和挖掘，渐为世人所认识。20世纪二三十年代，当时的一些社会名流，纷纷效仿任桐，在武昌城东郊的湖滨兴建别墅。

扬铎

辛亥功臣夏口人扬铎，字闻泉，与任桐是忘年交。

扬铎早年参加武昌起义，曾两次晋见孙中山，后来专研文史。1924 年 5 月，扬铎应任桐之约，同游沙湖，被沙湖之美所倾倒，回来写了《沙湖三唱》，将任桐和沙湖介绍给社会。

一唱为《沙湖游记》。扬铎在游记中写道："以琴园为首途，乘舆东行，渡一小溪，可五六里许，湖光在望，有一亭翼然湖畔"，即"湖山第一处"也。"据亭远眺，但见湖水浩淼，远山苍岸，而湖之中有一长堤，约数里，堤之尽处，为一大平原，宛在水中，如海上蓬莱。""渡湖南行，俯视湖水清浅，游鱼与水草相驰逐，均历历可数。日光下沏，尤著奇观。抵南岸至落伽山，怪石嵯城，呈铁色"。"据舟子云：由此而东，有一城廊曰东湖门，为古武昌城之一角。唐睿宗未帝时曾驻兵于此。其东有山如屏，高低起伏，蔚然深秀，有摩山、龙宫诸胜。"直至暮色苍溟，晚烟四起，才恋恋不舍而返。扬铎在游记中把沙湖与西湖相媲美，将西湖比作风尘美人，把沙湖比作大家闺秀，环绕在山港之间，深藏不露。二湖际遇虽不相同，但各擅其妙。看此湖山美景，扬铎也心动了，欲分一隙地，建静园，作为息游之地。他表示“将与琴父（任桐）争此湖山快婿而为神仙眷属”。

二唱为 1925 年 7 月为《沙湖志》所作的《沙湖序》。序中说：“吾与琴父订交三年，与之游沙湖者再”，“湖山风月，吾不妨与琴父平分而有”。又一次表示：“自当退而求数顷之田于沙湖之上，以为躬耕之资，暇则驾一叶之舟，容于中流，入九峰，上灵泉，渡梁湖，历石壁、夹山、寒溪，而还泊于雁桥之下，徜徉山水之间。”可见他对沙湖眷爱之深。

三唱为《沙湖征文启》。1925 年 8 月，扬铎和任桐等发起成立“沙湖建设会”，他写了一篇《沙湖征求诗文小启》，文中形容沙湖景色“山水秀丽，无与伦比，绝未粉饰，一任天然，殆如村女之乱发粗服，别饶风致也。”希望有识之士“以沙湖为绍，先结文字因缘。”后来扬铎将上述三篇文章汇集成册，由任桐题签，名曰甲子乙丑之间《沙湖三唱》。

任桐的《沙湖志》、扬铎的《沙湖三唱》，将武昌城东郊的东湖之美，第一次详细地介绍给世人。由于 20 世纪二三十年代时局动荡，政权更迭，普通百姓无暇顾及。琴园也毁于 1931 年大水。但任桐他们所作的努力，却是令人敬佩的，有助于后世对城东郊湖群旅游资源的开发。

周苍柏与海光农圃

东湖犹如一颗璀璨的明珠镶嵌在武昌城东郊，历代由于观念的局限、交通不够发达等原因，其旅游价值尚未被人们所认识。对东湖旅游资源直接有规划、有目的进行开发的，当属民国时期的周苍柏。

周苍柏，生于 1888 年，湖北武昌人，周家祖辈在湖北武昌大堤口开设周开顺炉房。

周苍柏的祖父周庆春，将炉房迁到汉阳双街弹夹巷，改名周恒顺，即后来在汉有名的周恒顺机器厂。周庆春的次子周仲宣继承了机器厂，而其长子周韵宣则从商，在汉口龙王庙河街开鼎孚行。周苍柏即为周韵宣的次子。周家为工商世家，周苍柏从小受到了良好的教育，早年就读于武昌文华学堂，后转入上海南洋公学校（今上海交通大学前身）。1909 年大学毕业后，赴美国留学，在纽约大学攻读银行系，获商学士学位。1917 年回国后，曾在陈光甫创办的上海商业储蓄银行工作。1918 年，陈光甫派周苍柏到汉口组建上海商业储蓄银行，1924 年，升任行长。周苍柏为人正直，笃守信誉，银行业务蒸蒸日上，卓有成效。国民革命军北伐到汉，他出于爱国

周苍柏

热忱，积极支持。随后，他又举办仓库、保险、信托、外贸等服务项目，积极支持民族工商业的发展，使上海银行成为汉地重要银行之一。

20 世纪二三十年代，上海是中国最开放的城市，周苍柏长期在上海，耳濡目染，深受海派之风影响，又飘洋过海，沐浴欧风美雨，见识颇广，思想开放，勇于创新。他看到当时市民多沉溺于鸦片烟、赌博之中，没有正当的消遣，为了使风气有所转变，他一直想建一个休闲去处，为广大市民提供锻炼身体、开展正当娱乐活动的场地。于是东湖成为首选。从 1929 年起，周苍柏开始在东湖边购置一小块一小块荒地，渐渐连成大片。为将土地连成片，周苍柏花了不少工夫。其中磨山，原是杨显东的，周苍柏开始买时，杨显东起初不解其意，觉得此人很奇怪，连个荒山也要买，像个屯积土地的吝啬老地主，断然拒绝。周苍柏不厌其烦地三番五次去信解释，并登门造访，阐明自己买地的设想。杨显东被周苍柏的诚意所打动，最后将磨山无偿地让给了

海光农圃

周苍柏。

渐渐地，周苍柏拥有了东湖西岸的一大片土地，南至南山、老鼠尾，北至今长天楼，东濒湖边，西临今东湖路，面积约 400 亩。1930 年，周苍柏在风景优美的东湖之滨创设了“海光农圃”，并请父亲周韵宣书写“海光农圃”四个大字，刻在东湖边的一个牌坊上面。

关于海光农圃的面积，根据 1937 年 8 月《湖北南湖余家湖公产清理处关于海光农圃重新丈量补价的报告》中所说，“计海光农圃一、二、三、四各区，原测面积为五百四拾叁亩三分五厘七毫四丝”。

周苍柏虽是一个银行家，但他一生对农艺、园艺非常感兴趣，有着浓厚的农业、园圃“情结”。他创办“海光农圃”，有两个原因：一是提供一个健康的休闲去处；二是作为实行农业技术改革的基地。“创办农圃，原为提倡农业，研究农艺以为复兴农村之先导。”周苍柏聘请了一批有真才实学的农业技师来规划、实施、管理海光农圃，为首的是郎星照。他们平整开发，填沟铺土，筑路搭桥，海光农圃成为三面环水的濒湖胜地。他们在此培育良种，改良土壤，引进国外新品种果木进行栽培，海光农圃成为农业新产品的实验基地。

海光农圃按其地理位置分为四区。

一区为现在的南山（今湖北省人民政府第五招待所甲级招待所址）。这里是海光农圃的中心区，风景最美，周家别墅即在此。其南濒湖空地，辟有一苗圃，培植一些观赏树木，如梅花、桂花、柳树、樟树等。紧靠苗圃往西近湖边，是一片桃园。从桃园往北数百米处建有一动物园，园内圈养有梅花鹿、貂、猴、以及各种鸡类。西至蔡家嘴，近毕家湾有一所学校即“文化学校”。在山丘处，建有一栋三间小洋房别墅，系周苍柏下榻之处。靠湖边，开办有一间米坊和香坊，从事米面加工和香料生产。香坊以生产蚊香为主，其产品有“安猪牌蚊香”等。

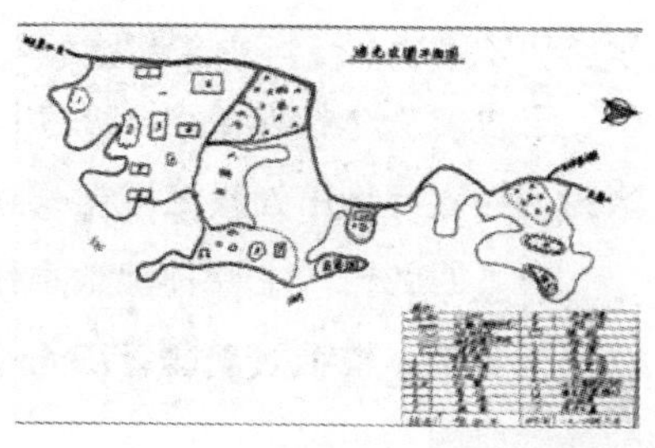
海光农圃平面图

二区乃从老鼠尾向北沿东湖至今“听涛酒家”。“海光农圃”的牌坊就在沿湖近老鼠尾处，高5米，宽0.8米。区内有一小土埠，上有一亭名曰“四顾亭”。下土阜往北数十米处，有一温室，以生产香料花卉如珠兰、白兰、茉莉为主，还有玫瑰以及盆景。北近今“听涛酒家”办有粉坊和养猪场，用粉渣来喂猪。

在一、二区的交接处筑有一柳堤，堤内一池，因仲秋时节天鹅云集，故名“天鹅池”。两区内以碎石路相连，沿湖设有游泳池和游船码头，种植有常绿、落叶各种乔木、灌木、攀缘植物，行道树均以白杨为主。

三区即从今长天楼往西经今溜冰场至老虎岭（今幼儿园），四区为现在省博物馆处（见海光家圃平面图）。

三、四区内，主要种植粮食作物，如水稻、小麦、红苕等。还有板栗、梨、枇杷等果园。周苍柏曾想在四区建一所音乐学校，因战乱等原因未实现。

东湖风景优美，周苍柏最早买下的二区整治后像个大花园，鲜花烂漫，万紫千红。周家住宅两旁，一边是桃林，一边是梅林。果园里种满了樱桃、杏树，生机勃勃，果味飘香。好一个世外桃源。

周苍柏又向岳州农场引进外国猪种数头，其中有一对小猪，黑白相间，非常奇特。动物园里有梅花鹿、小猴子，还引进了火鸡，深得小朋友们的喜爱。周苍柏的几个孩子，每逢暑假必来东湖别墅度假，他们在东湖游泳、划船、骑马……湖中盛产鱼虾，加上农圃自己种植的番茄和各种瓜果，在东湖不仅玩得好，而且还能吃个新鲜好口味。

周苍柏富于创意，他曾在东湖用土办法给孩子们在湖中心用木料建了一个“游泳池”。这个土游泳池，是先造一只硕大的长宽各几十米的木箱，把它沉入湖底，然后在四周木栅用缆绳缚住几个大柴油桶架固定。他的女儿、后来成为著名歌唱家的周小燕，至今还保存着一张小时候暑期在东湖游泳的照片。

周苍柏希望将海光农圃办成“湖北花园”，他诚邀著名园艺家

张鹏翔参加景致设计。张鹏翔曾致函周苍柏，拟办东湖通信网，“在观念与实施上驱使与东湖打成一片”，以促进东湖的长远发展。

在周苍柏的努力下，20 世纪 30 年代海光农圃已颇有名气。1937 年的一份官方公文谈道：“窃查海光农圃，位于东湖之滨，原本荒凉之地，自经垦辟以来，顿改旧观，规模远大……”凡是到汉人员都以参观海光农圃、前往东湖游观胜景为荣幸。当时的军界要员徐源泉曾致函周苍柏，感谢周苍柏招待到汉某校诸生参观海光农圃，“扩眼帘而增智识”。还有一位游客在信中赞道：东湖“四山云物，十里烟波”。东湖的水好，是有名的，也是其最大的特色。放眼望去，一湖碧水，平阔舒展，澄澈明丽如镜。据说周苍柏在东湖办了一个武昌养蜂场，曾在信中提醒蜂场人员注重前后门的秩序，禁止游人揭视蜂箱。有一次，蜂场放养了一群蜜蜂，蜂群飞到湖对岸的珞珈山采花，飞回时，正逢风平浪静，便把平展的碧波误以为绿茵茵的芒草地，结果纷纷栖水而亡。从这个传说中，便可以知道东湖的水是何等奇美，连蜜蜂这种精灵也被骗了。

1935 年，湖北省政府特设东湖建设委员会，李范一为主任委员，夏斗寅、周苍柏、杨端六、邵逸周、熊国藩、刘骥、陈鸿泰、杨适生都是委员。大家集思广益，计划建设东湖。

武汉沦陷后，周苍柏一家迁到重庆。其间周苍柏曾应湖北省政府主席陈诚之邀，任湖北省政府委员。1942 年，海光农圃被日本侵略军侵占，将一、二区内的一些果园捣毁，改为水田，种水稻、蓖麻。

1949 年，周苍柏赴京出席第一次全国政协会议，并参加了新中国的开国大典。返汉后，任中南财政委员会委员、中南工业部副部长。中南大区撤销后，担任全国政协常委、湖北省政协副主席、全国工商联执委等职。在他担任湖北省政协副主席期间，有一天，几位中央首长前往参观海光农圃，对其景色、设施甚为赞赏。周苍柏当即表示："那我就把它交给国家吧！我早对子女说过，这个农圃我是要交给人民的。"后经请示周恩来总理同意，1949 年 9 月 24 日按照民族资产阶级政策，作为民族资本经济接收，更名"东湖公园"，由此奠定了今天东湖风景区的雏形。当时周家仅留下海光农圃三开间周家别墅，其余均无偿捐给国家。同时成立东湖建设委员会，周苍柏就任副主任委员。后来，一、二区划归省第五招待所，四区划归省博物馆。目前以前建筑所存无几，仅在二区小土埠上的"四顾亭"还依依可辨，但也濒于倒塌。

夏家花园与湖心亭

夏家花园在今东湖"湖心亭"一带，系夏斗寅在鄂主事期间修建。园中建筑以"湖心亭"最为有名，是夏斗寅 1931 年为纪念蒋介石寿辰而建，故名"中正亭"，解放后改名"湖心亭"，亦名湖光阁。

如今，人工做成的十里长堤将它与磨山和听涛区联为一体，景色美不胜收，是游人的必经之地。

关于夏家花园及“中正亭”，在陈兴亚的《楚豫游记》中有记载:

……即由此（即卓刀泉）登珞珈山，自西往东，于百度以上之秋阳曝热下，为山顶游。……下山复登小舟，游夏家花园。园跨山阴山阳，三面临湖。余之意在登山，乃由东茶馆上山。山半有一亭，曰“澄翠”。再上，山顶三，各有一亭，西曰“卧龙”，中曰“绿野”，东曰“十桂”。其别墅亦有三，南曰“中和村”、“丰乐园”，北有“养虎山庄”，为夏君斗寅常居之所，花木甚多，因旱多枯萎，惟湖光山色，可涤尘襟，朝辉夕阴，不生暑气。……湖中有一小石岛……湖之西有一游泳池……

……登洪山顶上东行……迨抵东湖……驾小舟，荡漾中流，直指“中正亭”而驶去。亭在湖之东北洲上，为夏斗寅主鄂时所建，纪念蒋介石之物也。亭共三级，每级阁数间，预备将来分设茶座者。亭之侧为郭郑湖。亭之四周，虽无楼台花木点缀，而湖之中心孤耸一亭，亦足以壮大观。……返舟，登夏家花园之西山，山亦筑有一“鉴心亭”。盍以昨日游此，遗此一山，今特补之。

夏家花园的其他建筑，几经风雨，损毁大半，只有岛中心的湖光阁保留到新中国成立。湖光阁也是东湖风景区现存最早的亭阁之一。

湖光阁建在湖中心的小岛上，远远望去，宛若浮在水的中央。阁分三层，阁内经常有图片陈列和小型展览。登阁四望，你会感到你是在湖中心看四周，东湖的湖面轮廓如在画上。从这里看西北岸，但见树木繁茂，亭阁荫掩，游艇轻移，又是一种景象。

湖光阁前建有停船码头，游人乘艇从西北岸到此靠岸，甚是方便。这个水上停船码头，呈丁字形伸入湖面 30 米左右，周围镶有灰色栏杆，若在此处拍照，则湖光阁全景正好在你身后。湖光阁四周绿树环绕，布置雅洁，湖光阁影，相映如画。

张难先之思旧庵

1945 年底，在东湖珞珈山麓，多了一幢简陋的木板房，这就是张难先的思旧庵。

张难先（公元 1874—1968 年），又名辉澧、绍良，号义痴。湖北沔阳（今仙桃市）人。早年曾先后加入过科学补习所、日知会、文学社等湖北的革命团体，1911 年参加了武昌起义，曾任国民党政府铨叙部部长，湖北省政府委员兼财政厅长，浙江省政府主席。抗日战争时期，在中国共产党统一战线政策的影响下，逐渐转向支持民主活动，积极从事抗日救亡运动，后支持人民解放战争。解放后，历任全国政协委员，中央人民政府委员，中南军政委员会副主

张难先

席，全国人大一、二、三届常务委员，著有《义痴六十自述》《湖北革命知之录》等。

1928年初，在南京的湖北头面人物如居正、张知本、石瑛等，提出了“鄂人治鄂”的主张。当时盘踞在湖北的桂系，为结好湖北名流表示支持。于是组织了以张知本为主席的湖北省政府，严重长民政厅，石瑛长建设厅，张难先出任了财政厅厅长。视事之日，张难先就声明：“我两袖清风而来，两袖清风而去。”由于他平生愤世嫉俗，耿直清廉，时人以“怪人”呼之。又由于同在张知本政府供职，他同严重、石瑛一道，被称为民国时的“湖北三怪”。

关于“三怪”，张难先自己说：“石蘅青、严立三、张难先，鄂人所号为三怪者也，其实彼三人者，皆以守常见于世，毋人知守常之太愚也，笑甚；太迂也，怜甚，可笑怜之人当然为世所怪。三怪之词，于以成立，而不知彼三人实极端守常者也。”

张难先的耿直、清贫在国民党政府官员中是出了名的。他晚年自拟的一副对联说得很贴切："少与恶社会斗，长与恶政府斗，拔剑揭竿，祸闯万千侥幸过；贫病足以死吾，忧患足以死吾，连灾累劫，我生七十实难真。"他曾白日手提灯笼见蒋介石，声称"暗无天日"；武汉解放之际，曾大闹华中"剿总"，白崇禧挨骂赔礼，更是脍炙人口。

他的耿直，更多时候是以怪招出手，在斗争中透着机智，被传为佳话。

后来，因有人密告张难先"接受贿赂，打击同僚，新造别墅，蓄婢纳妾"，蒋介石、宋美龄派浙江守军司令薛岳暗查。薛岳带人来到他家。吃罢饭，薛岳提出在张主席家打麻将，随行人员却故意说没带银钱，薛岳几乎挑战式地说："在张主席家玩牌，还要你们破费？张主席，你不会驳我这个面子吧？"

"理当如此。"张难先慌忙朝后屋走去，谁料他返回时，手里拿着 40 万冥币，说是向逝去的老母借的，给大家凑个热闹。当即吓跑了来访者。

宋美龄不相信张难先如此寒酸，她怀疑是张难先装的，决定亲自到张难先家看看。

宋美龄一下车不由倒吸一口气：眼见得张难先用自己的薪水租用的二间民房破烂不堪，门口连个站岗的卫兵也没有。若不是亲眼所见，哪知一个堂堂省府主席，会住在这破旧房子里。而且张难先的夫人正在屋里纳鞋底，打算卖几个钱，贴补家用呢。宋美龄大为感动，这才相信张难先确实清贫、廉洁、两袖清风。

张难先对当权者的腐败黑暗深恶痛绝。曾在他的狗圈、鸡笼上书一联讽刺这种现象：“拍马吹牛，是真类狗；攀龙附凤，不如养鸡。”横批“满目禽兽”。但对朋友和同僚，却视为兄弟手足。

张难先为人正直，疾恶如仇，又多才多艺，学富五车，连蒋介石也极力想网络他。抗战胜利后，蒋曾三次下聘书请张难先担任总统府顾问。这个职务可享受一级上将的一切名誉和物质待遇，可随时出入总统府邸，畅行各省、市、州、县。不想，张难先却三次将聘书“敬璧”，执意留在湖北，并在东湖珞珈山麓结草为庐，过了一段隐居生活。张氏草庐被称为“思旧庵”，张氏自题思旧庵曰：“看山感旧欣先死；筑土为庵当活埋。”又自嘲道：“既老且聋，闭门谢客；本愚复鲁，羞面见人。”在思旧庵外张难先开出了一大片园子，养花百余盆，种菜三两分，亲自动手整地、培种、浇水、施肥、间苗。不仅他家人一年四季都有时新菜蔬食用，而且每当新菜上市，张难先还将鲜菜装在竹篮中，天不亮就步行十余里进城，送到亲友家中，让大家尝鲜。

说起张难先种菜，还有渊源可溯。辛亥革命后，他不愿做官，对“同志尽变官僚种”的风气很看不惯，因此回沔阳老家种菜卖菜去了。他的菜新鲜且价廉，很受乡亲欢迎。张难先住在北京时也曾卖过菜，当时他住在西直门外的土地庙中，白天卖菜，晚上便去找清道人学书法。

思旧庵成了张难先的一方乐土，依山傍水，种菜养花，读书习字，俨然如陶渊明之“采菊东篱下，悠然见南山”，偶尔也请两三位好友至亲到家中叙叙旧情，聊聊国事。

《武汉掌故集粹》上有这样一段记载：1948 年底，张难先在思旧庵备了一桌别致的“菲酌”，邀请跟随了他几十年的老幕僚聂松樵、孙竺僧、贺葆三等人小聚。几位老先生皆为饱学之士，且都是一肚子的不合时宜，为人行事与张难先一个路子，大家意趣相投。席上摆着粉蒸莲藕、粉蒸芋头、粉蒸鲢鱼等地道的沔阳蒸菜，开一坛家乡酿制的高粱液，宾主眉舒目展，开怀畅饮，针砭时弊，酣畅淋漓。一时兴起，张难先取出笔墨，提笔一挥，三幅墨梅便跃然纸上，每幅画还题诗：“为教梅花问消息，春色几时到人间？”张难先对三人说：“我一生清苦，两袖清风，只有一点‘穷气’和‘疯气’。画，你们一人一张，我无以为赠，秀才人情纸一张！”

正是他的“穷气”，“疯气”，还有“硬气”、“骨气”赢得了世人的尊敬，1949 年 10 月 1 日，作为辛亥老人、革命先贤，美髯飘逸的张难先同其他几位德高望重的老人一起，被毛泽东主席邀请到天安门上一起观看中华人民共和国的开国大典，如此殊荣，已成珍贵的镜头，定格在历史的长河中，供子孙后代注目瞻仰。

曹琴萱建种因别墅

在珞珈山南麓，东湖之滨，有一片二三十平方丈的园子，该园依山傍水，幽静雅致，是武汉民族工商业家曹琴萱的花园，也称“种因别墅”。

曹琴萱是武汉曹祥泰企业的第二代传人。其父曹南山于清末在武汉创设了曹祥泰杂货店，开曹祥泰企业之先河，后经三个儿子曹云阶、曹琴萱、曹慕尧的发展，在民国初已形成以杂货业为基础，横跨米业、粮食加工、针织业、肥皂业、钱庄等的庞大企业，在武汉工商业举足轻重。

曹家花园就是在其鼎盛期由曹琴萱耗资在珞珈山兴建的，1932年动工，1935年建成。

曹家基业的创始人曹南山，原籍武昌卓刀泉，年幼时家境贫寒，只上过两年私塾。清同治二年（公元1863年），曹南山的父亲撒手人寰，遗下孤儿寡母四人，最大的曹南山刚满13岁。一家人无依无靠，无以为生，难以糊口度日，令人同情。乡邻四舍凑了几个钱叫南山去卖蚕豆，赚点钱养活全家。他卖蚕豆时不用量具衡器，有人买他的蚕豆，就伸开手掌抓，显得比别的小贩慷慨，因而获得“曹大把”的美名。由于他能吃苦耐劳，勤于奔波，渐渐有了积累。他在从事商业贩卖活动中发现水果利润大，于是经营干果、水果，两个弟弟相继长大，参与其中，由提篮小卖到挑担子，进而摆摊子。

曹南山擅长经营西瓜，光绪年间，有一年六月下连绵雨，河下西瓜积压，大部分烂了往河里倒。曹南山认为久雨必有久晴，晴后必热，于是力排众议，用几串钱买下两大船西瓜。不久，天气连日放晴，晴后酷热，人们争相买西瓜解暑，曹南山“奇货可居”，就这一下赚了 400 多串钱，为开店营业创造了有利条件。

由于曹南山生财有道，经营有术，到了清末民初已拥有曹祥泰福记杂货店、禄记米店、寿记钱庄、喜记槽坊四家店辅。1914 年第一次世界大战后，趁列强放松对华经济侵略之机，曹氏又相继开办祥泰肥皂厂、祥泰机器米厂、铭新纽扣厂、经新针织厂等。到抗日战争前夕，其发展达到鼎盛，仅祥泰肥皂厂资产总额就达 70 万元左右。杂货店在武昌首屈一指，百货店的销路也很广。肥皂最高销售额占武汉市整个肥皂销售额的 70% 左右，并行销外省以至海外南洋一带。

第二代的接手起于一件偶然事件。据曹家后代曹美成、曹实生在《曹祥泰发家史》中回忆，曹南山开曹祥泰福记杂货店是清光绪十年，即公元 1884 年，店址先在现在的武昌解放路新街内。正当曹南山经营得得心应手之际，杂货店后面的炒坊着火，把店子全部烧光，仅剩下约值两百多两银子的锅铁。曹南山受此打击，无意再经营。汉口晋和铁号经理极力劝他复业，并借三千两银给他，曹南山遂将店子迁到长街（今解放路曹祥泰副食品店）复业。由其长子曹云阶实际负责。

曹云阶接手后，学习先人创业维艰、勤勤恳恳、兢兢业业的精神，天刚亮就起床站柜台，夜间记账到深夜，又到店铺前前后后视察一遍，以防火灾和盗窃。由于曹云阶经营得法，当年就还清了 3000 两银子的借款，并略有盈余。

次子曹琴萱于辛亥革命后不久就进了杂货店。他是武昌第二中学堂的学生，受到民主革命思潮的影响，抱有“振兴实业，挽回利权”的愿望。这个时候官僚资本“湖北模范大工厂”生产的肥皂因经营不善，积压很多，委托祥泰杂货店给它推销，条件是佣金比别家较高一点。祥泰把它积压的三四千箱肥皂销光了，该厂却自食前言，不愿履行原先谈好的条件，只肯给予一般佣金。曹琴萱为此很气愤，又见到肥皂有较好的销路，加之中学时学过化学，便萌发了自制肥皂的想法。

1915 年，曹琴萱在武昌都府堤（今农民运动讲习所附近）正式创办祥泰肥皂厂。1917 年在汉口龙王庙开办曹祥泰西号，兼作祥泰肥皂厂的管理处和发行所。开始只能小规模生产，雇佣工人 6 名，生产工具只有一只小锅，仅能熬制 20 箱肥皂油用量，经过曹琴萱的不懈努力，国货祥泰肥皂终于打败了“洋货”、“外地货”，占领了武汉市市场。并以注重质量，精益求精，赢得了用户的信任。

1931 年，武汉发大水，肥皂厂原址被淹，为了今后的扩展和长久安全之计，曹琴萱选定在汉口长江、汉水交汇处的口岸——龙王庙码头附近，建造起五层楼的曹祥泰警钟肥皂大楼。它很快成为对外的窗口，促使肥皂厂大规模地生产。到抗日战争前夕，已成为武汉最大的一家肥皂厂，其生产的“警钟肥皂”、香皂、药水皂等远销到南洋群岛。肥皂厂是曹祥泰各项企业中资本最多、获利最厚的一项。

柳亚子、夫人和孙子与曹美成（后立者）合影

作为民族企业的姣姣者，曹氏企业的经营者都具有拳拳爱国之心，其反帝爱国思想都从肥皂牌名和广告上反映出来，如“警钟”、“爱国”、“爱华”、“统一”等牌名，广告的内容是“提倡国货，挽回利权”。“九・一八”事变后，祥泰肥皂大楼屋顶上悬挂“勿忘九・一八，勿忘国耻”的大型霓虹灯。以图唤醒国民，足见曹琴萱的爱国之心。

武汉沦陷后，曹氏企业资产损失惨重，抗战胜利后，又被国民党政府栽赃说是敌伪逆产，要予以没收。经过周旋，终保住厂房，但经此折腾，企业元气大伤。企业第三代传人曹美成（曹云阶的儿子）、曹实生（曹琴萱的儿子）苦苦支撑，1949 年武汉解放后，党对资本主义工商业采取利用、限制、改造的政策，曹祥泰在党的政策指引下，逐步接受社会主义改造，1956 年完成公私合营。

作为受过西式教育影响的曹琴萱，很会发展家业，在企业发展顺利时，他在武昌珞珈山南麓东湖之滨选择一处依山傍水、风景幽静的地方，购买下来，建立一座私家花园，命名为“种因别墅”，也称曹家花园。

曹家花园近景

曹家花园新旧对比图

曹家花园内建有一座小楼和一座三层三开间的大楼，面积有二三十平方丈。由曹琴萱自己设计，其建筑工程包给李老板，土方工程包给柯家湾的柯老板，麻石料由河南运来。

花园北边是一个湖塘，靠湖有一半岛，岛上建一硫璃瓦的亭子。沿塘栽垂柳，塘内养鹅群。靠南是一二层楼房屋，旁边是勤杂工住宅，楼房的东边有假山和球场，球场的西北方就是小楼，二层楼前有花坛，四季花香，遍植灌木，因季节换植各种莳花。曹家雇有花工专门培植菊花、茉莉、白兰等花卉和盆景，他们种的菊花又多又大，有数百品种，其中有名贵的绿菊和墨菊。盆景以罗汉松盆景最大，高者达两米多。曹家花园还有藕塘，产藕出售。

1951 年，曹家将整个别墅和土地折价 2 亿元旧币（合计新币 2

万元）出售给中南军区。原花园建设基本保存，只是球场改为橘园，小茅亭已拆。琉璃瓦亭子周围装上了玻璃门窗，湖塘更美，树木更靓。

九女抗清投湖幻化九名花

在东湖环湖路西北的小山丘上，有一座花岗岩石碑，上书“九女墩”三个苍劲有力的大字，是人们为纪念九位抵抗清军、英勇牺牲的太平天国女战士而修建的。在这座石碑的背后，有着一段九女抗清、幻化九花的动人故事。

据武汉市东湖风景区“东湖发展简报”第 57 期介绍，相传，太平天国军占领武昌时，不少妇女受太平天国“男女平等”等政策的号召加入太平军，参加了起义，准备推翻当时的清政府，建立一个人人平等的理想社会。而清政府则派出大批清军对起义军进行残酷镇压和围剿。经过激烈的战斗后，清军攻陷了武昌的城池，进城后的清军大肆屠杀。有九位太平军女战士英勇抗击清军，被清军围攻至东湖边。九位女战士奋勇抵抗，终因寡不敌众、弹尽粮绝而即将被清军俘虏。九位战士坚强不屈，宁死也不愿被清军掳凌，于是纷纷跳进东湖，壮烈牺牲。附近的村民仰慕她们的英烈，从湖中将她们的尸骨打捞上来，合葬于东湖湖畔。为防止清廷得知九女葬于此，继续施加迫害，村民都称坟为墩，此后，这里就被称为“九女墩”。

东湖九女墩

一年后，在九女墩的四周相继长出梅花、桃花、梨花、杜鹃花、海棠、荷花、桂花、菊花、月季花九种花卉，村民们认为这是九位女烈士显灵，幻化成九种花，开放在东湖边。为纪念这九位巾帼英雄和这段历史，此后，村民们就将这九种花栽种在东湖的各个地方。而这九种花也逐渐在东湖各地扎根、开花，成为东湖最有名的九种花。

1952年，武汉市人民政府将九女墩培土重修，建基立碑。不久，湖北省政府将其定为省级文物保护单位。当时东湖风景区的负责人万流一派人专程赶赴北京，请董必武、郭沫若、宋庆龄、何香凝、张难先等人为九女墩题词纪念。九女墩碑记由董必武撰，张难先亲笔书写，现镌刻在石碑上，全文如下：

九女墩碑记

九女墩在武昌东湖边上，地方人传说太平军夺取武昌，军中有获得解放了的妇女参加工作。清军攻陷武昌后大肆屠杀，有革命女志士九人遇害，乡人敬慕她们的义烈。把她们的遗体葬在这里，本应称坟，因避清廷迫害，故改称墩。

太平天国革命，是我国近代农民起义历史上一次最大规模的革命运动，代表了当时进步思想，如反对满清贪污腐化黑暗凶暴的专制皇朝，反对地主垄断土地，确立天朝田亩制，主张男女平权等等。都是当时广大人民所迫切要求的。这一革命运动虽被汉奸地主和外国的武装所扼杀，但它推动了中国的社会前进。

九女烈士是死在武昌争夺战中，她们的姓名已淹没了。清军三次自太平天军手中夺去了武昌，九女烈士死在哪一次，年月也无法查考了。从九女墩传说至今这一事实来看，证明太平军的号召是很得人心的；证明解放了的妇女确已参加了革命运动；同时也证明了我国人民解放运动和妇女解放运动是不可分的。而我国妇女在和人民一道争取解放中牺牲很大，人民对为革命牺牲生命的妇女，将和纪念其他为革命牺牲生命的烈士一样，纪念着她们。

现在，我们人民在中国共产党和毛主席领导下，建立起中华人民共和国。三年来人民政府所实行的政策和获得的成绩，不仅为太平天国所祈求达到的境界，奠定了真实的基础，而且有的远远地超过了它。九女墩作为我国人民自求解放，特别是我国妇女自求解放

何香凝书宋庆龄为九女墩的题词

九女墩碑记

的一道里程碑，是有历史意义的，是对东湖、珞咖山增加光彩不少的。武汉东湖风景区管理处应乡人请，立碑于墩前，嘱我为记。

一九五二年十二月董必武记于北京

张难先书

一代文豪郭沫若在1938年曾在武昌东湖珞珈山小住，当时周恩来住一区二十七号，郭沫若住一区二十号，两幢房屋上下毗邻，下坡可以到东湖边，上坡可以登珞珈山顶，郭沫若非常喜欢东湖的风景，听说是给东湖旁的九女墩题词，欣然应允，他写道：“东湖珞珈山，抗日初期我曾住。当时何疏忽，未知九女之墩在何处。九女者谁乎？均是太平革命女志士，姓名虽失传，碧血留天地。中国历史四千年，无名女英雄，为数何可算！请以九女为代表，丰碑谐日月，辉耀在人间。旧地重游会有时，当来墩子献花圈。”

宋庆龄女士也题了一首《无名烈士》，由何香凝女士书写：

在这里，我们伟大祖国的中心，
远在过去很久的日子里，
有九个无名的中国妇女不肯屈膝，不愿低头。
他们反抗，为了人民。
他们献出了一切，为了人民。
在这里，我们伟大祖国的中心，
在他们之后的年代里，
更有千万像他们似的继承者，
燃烧着革命的火焰，
裹扎起战斗的创伤，在人类新时代的歌声中向前迈进。
他们同样地无名，他们献出了一切，为了人民。
在这里，我们伟大祖国的中心，
在人民当家做主的时代，
我们为那九个无名的妇女树立起碑石，
为了敬仰他们，也为了敬仰所有的中国妇女。
我们今天纪念着过去，为了展望到将来，
我们今日正在建设着明天，

为了所有的人民。

这些题词，现在都镌刻在九女墩的石碑上，人们踏青赏景、凭吊先烈时，都会诵咏一番。

如今，九女墩已经成为东湖风景区的一个著名景点，在高高的花岗岩石碑顶端有 6 个铜铃，风振铃鸣，配以拍岸怒涛，恰似九位女战士英灵奔驰战场金戈铁马的激战声，也提醒着游人，珍惜今天的幸福生活，把东湖建设得更美好，以告慰英灵。

金氏女伶月英孝母感人心

任桐在《沙湖志》中，将沙湖之景概括为沙湖十六景，其中有一景曰“金冢桃花”书中写道：逻迦山之阳，民国初年女伶金月英葬此，性贞烈孝母，墓畔多桃花，游人过此有人面桃花之感。

金月英，何许人也，其金冢有什么值得凭吊，值得归为一景呢？

沿着《沙湖志》的叙述，翻阅《汉口小志》《汉口丛谈》等史料，昔日汉上的茶园、戏院，梨园弟子的踪迹历历在目，也寻到一个贞烈女子的辛酸苦楚。

清末民初的汉口，演出戏剧小曲的场所，不像今天称为剧场，也不像 1920 年前后称为戏园、戏院或舞台，当时称为茶园。

汉口昔日的茶园，今天可以说出招牌的有20多家，如：丹桂、贤乐、天一、满春、荣华、醉乐、怡园、玉壶春、共和昇平楼、玉仙、新民、乐园、楼外楼、怡红院、文明、清正、双桂、春桂、美观、临汉、福和、东记等。当年这些为数不少的茶园，到了今天，能够找到故址的寥寥无几，绝大多数已在历史长河中淹没。其中知名度较高、尚为今日论及者，也仅丹桂、天一、满春、怡园、新民、共和昇平楼等几家。

来汉的京剧名角，如梅兰芳、荀慧生、马连良、谭富英、奚啸伯、杨宝森等，先后在这些茶楼献艺，很是吸引戏迷。

辛亥革命后，才有了新民茶园，而且始终完全演髦儿戏，即由来汉的京剧坤班演出，清一色的女角。金月英就是在此茶园演戏的一个女伶。

据史料记载，金月英确有其人，金陵（今南京）人氏，生于清光绪甲午年（1894年），卒于民国甲寅年（1914年），年二十一岁。为女伶，卒时在汉口新民剧社，葬东湖珞珈山麓。任桐在《沙湖志》中记载有“金月英传”：

金陵有女子名月英，少孤。依金氏为女，及长，金氏再醮与汉口张君谷樵，挟月英与俱，月英视如己母，能孝养，颇知大义，学女伶，善度曲，登台献技，色艺冠一时，每演古今历史上种种悲欢离合，无不曲尽其妙，令人对之生感。惟秉性高洁，谷樵欲招为媳，

民国四大名旦及其化妆照

英以母命未敢违，而心实不愿，忧愤成疾，临诀，谓母曰：儿是未嫁身，儿之清白可自信也，儿在汉上新民演剧，积蓄至十余万金，儿有此钱，母可无忧矣。言毕，瞑目而逝。闻者惜之，一时有金贞女之称，噫，女伶月英，以一弱女子尚知大节，虽死犹生。

从文中小传可知金月英之凄苦生世：少小成孤儿，孤苦无助，好不容易依靠一金氏为义母，月英“视如己母，能孝养”，金氏又与汉口张谷樵再婚，一个再婚的女人，又拖着一个女儿，远离家乡，其日子如何过，可想而知，好在月英“颇知大义，学女伶，善度曲，登台献技，色艺冠一时”。在封建社会，对于唱戏的艺人，是非常轻视的，家贫又无路可走者，才学唱戏。“娼优隶卒”被列为四大贱民，不能与平民同等看待，戏子在社会上没有地位。月英“每演古今历史上种种悲欢离合，无不曲尽其妙，令人对之生感”。

她哪是在演戏，分明是在诉说自己的悲苦。

聪明、乖巧的月英色艺冠一时，时人对之赞赏有加，称之“绝代之丰姿，云髻花冠，别饶袅娜”。“以彼极端庄流丽之态，令人动喜怒哀乐之情……以故，誉遍津京，名传沪汉。”

金氏月英演艺之情景，今人无缘目睹，但撰《汉口小志》的徐焕斗给我们留下了一篇精彩的《英梅梦》，让我们可从文章中窥见一斑：“倦而思卧，甫就榻，即被睡魔缠绕，恍惚夜静更阑，万籁俱寂，清风习习，隐约间有人搴帘而入，引我于清凉世界中，星光萤萤，空平如镜，与常时所见闻者绝不类，盖别有天地，非人间矣，忽闻歌喉宛转，音韵清扬，有美人兮，冉冉而下，则金氏月英之演《广寒宫》也。……”

一个女伶，任她如何艺技超群，终难逃脱噩运。

小传中说是她继父“欲招为媳，英以母命未敢违，而心实不愿，忧愤成疾”，廖廖二十字，其中是否隐藏有一段凄美的爱情故事？美丽可人的女伶，难道没有自己的感情生活吗？“心实不愿”、“忧愤成疾”，还有月英临死前对义母的话：“儿亡清白可自信也”。其中包含有多少委屈，多少忧愤，多少怒火，多少无奈。所有的一切都随之进入金冢，成为永远的谜团。而且“儿在汉上新民演剧，积蓄至十余万金，儿有此钱，母可无忧矣”！孝母之心，苍天可鉴！一朵艺坛之花就此凋谢，“昙花偶现，芳草生愁。当碧玉破瓜之年，抱绿珠捐粉之恨”。

民间艺人演八仙

此情此恨待追忆，只有空付桃花流水，一场梦。

金月英死后，新民园特为她和另一位早逝的女伶白玉梅举行追悼会，汉上许多旅馆名流、记者都到会。徐焕斗在《汉口小志》中记叙："余……同新闻记者某观剧新民园。是夜，为续开英梅追悼会之第三日也，素帏绕柱，满眼凄凉……""该园本歌舞地，名日追悼，藉广招徕，与寻常丧吊迥别"。

一群仰慕她的戏迷，也用自己的方式悼念她。"为伊消得人憔悴"，一号称"云集山人"者，为女伶金月英、白玉梅出了一本专集《惜英悼梅集》以示追悼。特邀徐焕斗、邓远谋为之作序，金月英的故事得以流传至今。

黎元洪国葬

在武昌卓刀泉南土宫山上，有一个占地约百亩的墓地，墓地的主人就是民国初期风云一时的"黎大总统"黎元洪。

黎元洪，黄陂人氏，这位武昌首义显赫人物，民国初期国家元勋，已去世70多年了，对他一生的为人及于辛亥革命之功过，褒贬纷纭，评说不断。他死后的葬礼其礼仪之盛，耗费之巨，延续时间之长，为现代中国历史所鲜见。

黎于1923年从中华民国大总统职位下野后，到天津隐居，投资兴办工矿企业，1927年突患脑溢血，1928年6月3日病逝。

黎氏去世，各方关注。6月4日，逝世的消息和临终遗电以及生平简介、评论等内容占据全国各地大报纸的显要位置。国民政府发出从优安葬的优恤令，内政部长薛笃弼于1928年6月26日公布治丧条例：举行国葬；国葬费1万元（实际大大超过此数）；修建专墓；葬期由国府派员致祭等。

国葬乃一国之最高丧葬礼仪，黎氏丧葬过程大体经历天津殡殓、北京追悼、武昌安葬三个阶段，历时10年余，盛况空前。

天津殡殓及北京追悼的繁复不用多表，单讲武昌安葬的铺张，用“前无古人，后无来者”形容，恐不为过。

黎氏死后两年，其元配夫人吴敬君亦病故天津，仍备与黎氏同等棺木入殓，据故人遗嘱和家属要求，确定启棺定葬武汉。国民政府于1933年将其夫妇灵柩由天津运回湖北武昌。

灵柩抵达武昌那天，湖北省政府官员和各方人士出面组成迎柩队伍，在车站、码头及沿途扎牌楼、设路祭，鼓乐、鞭炮之声不绝。白马素车，将棺柩迎进洪山宝通寺法界宫的藏经石库内暂厝。设专

黎元洪国葬

人看守，候勘定葬地后，再举行国葬礼落葬。

墓地的选择颇费了一番周折，当时的湖北省军政当局，说是遵照大总统的遗嘱，三番五次要将黎氏葬在珞珈山，遭到当时武汉大学筹委会的强烈反对，只好放弃。最后选定武昌卓刀泉南土宫（公）山为墓地。

黎氏国葬典礼于 1935 年 11 月 24 日举行。

1990 年前后，黄陂县政协在征集有关黎元洪的历史资料时，大悟县丰店区唐店张东冲村黄土榜、黎文英将保存几十年的黎氏国葬册献出，此册包括 1928 年、1935 年当局发布的两个国葬令及国葬仪节、送殡行列、礼堂布置等。册中所记其葬礼的奢华和浪费，令人瞠目。

据时人在回忆录中写道：

黎氏子女绍基、绍芬等提前由津来汉。并以子孙（8 人）署名在《武汉日报》发“告窆”3天，以告知至亲故友。国民政府责成湖北省成立国葬典礼办事处，由省主席张群任主任，筹办国葬的一切事宜。在交通方面，备专轮4艘、大小汽车21辆，接送参加典礼的各方来宾。但因来宾过多，轮渡拥挤，汽车接送不暇，武昌洪利汽车行派235号货车驻守汉阳门码头运客，取费一角、二角不等。约上午10时许，载客起动，因车无后栏板，有数人从车上跌下，市棉花行业公会代表胡某被跌成重伤，险些成为黎氏的“陪葬”。许多人因搭不上汽车，便高价雇人力车前往（每次约7角）。还有步行10余里去“奔丧”的。在国葬的气氛布置方面，三镇的交通要道上，汉口有市政府、汉口商会、黄陂同乡会、特三区，国民党汉口市党部，武昌有省公安局、武昌商会、南洋烟草公司、武汉大学等单位扎的素色牌楼10座，沿途街道设路祭台（桌）几十处。是日上午先在宝通寺举行移灵公祭。寺门前的牌楼上，横书“黎前大总统国葬启灵处”字样启灵祭堂设在法界宫停柩处。柩前挂白色长帷幔，上挂遗像及国民党党旗、国旗，灵帷前置长方大餐桌，上铺黄缎桌布，前方垂下为桌帷，上置花篮2个和银制杯、盘各3个（盛有供品）。在灵堂右侧，置主祭、陪祭官之休息所，左为军乐队奏尔处所。入祭者均臂佩黑纱。11时整，在19响礼炮中，行公祭礼，礼毕即启灵下山。送葬仪伏分八列，依次为骑兵、步兵、海军、警察、党政军、机关团体代表、中央各部、院会和外国人士代表、灵柩及家属车、骑兵队。前七列之首各配置乐队。其中第七列的情形是：黎氏灵柩在前，夫人吴氏灵柩在后。柩前有遗像和绸制“铭旌”。两具灵柩均在外套黑绒柜罩，用鲜花扎盖。彩龙大杠下共136人抬棺（各棺68人）。杠夫均戴草帽，着蓝色短服，背缀国民党党徽，在号歌下齐步缓行。黎氏子女绍基、绍业、绍芬、绍芳等亲属10余人在灵柩后的黑幔下俯首而行（尾随一车，供家属休息）。沿途两旁的祭桌旁，人群簇拥。出殡队伍过处，烛火如星，香烟若雾，哀尔声、锣鼓声、鞭炮声连成一片，震耳欲聋。在出殡队伍中，还有专人抛撒纸钱，并对路祭者散发铜币、银元，以示“优隆”。许多乞丐、穷人蜂拥街头，以求得几枚铜元、银币。据报载，当日参加移灵公祭的各方代表和民众达5万人。

举行国葬典礼前往追悼的民众

卓刀泉南土宫（公）山黎氏墓地前，用席棚搭有宽敞的礼堂，堂前屏门上悬国民政府主席林森题书的“民国元勋”横匾、周围陈列亲故好友、国民党上层人物和社会知名人士馈赠的祭幛、挽联、祭文和花圈1000余件，是日下午15时整，在101响礼炮声中国葬典礼开始。由辛亥首义参加者、湖北省政府委员李书城代表国民政府林森主席主祭，中央各部、院、会、各省代表和外宾陪祭。在国典会上宣读祭文的有中央内政部、交通

外交使节凭吊黎元洪

部、司法部、教育部和各省市代表共23人。礼毕，扶灵柩入墓穴，将两柩置于形似低盂的墓椁内，椁内洒红色朱砂，取吉利之意，各置铜炉一个，谓可暖土。墓椁上再用水泥板盖顶封固。

国葬日那天，典礼处专制干点万余份，在沿途散发给参加葬礼的各方来宾。礼成之后，又在三镇的餐馆酒楼招待丰盛的“丧饭”。对土宫山墓地附近的民众则另有一番“打发”，除国葬当天陈家湾的家家户户派人入席就餐外，每家发给粮食几十斤，以示“关怀”。时有民众说黎元洪是个“生前走鸿运，死后享冥福”的人。

黎氏葬后不久，即修建坟基工程，刻竖墓碑，碑文为章太炎撰、李根源手书。墓碑前还修有石砌栏杆的祭祀坪台，整个墓园占地约百亩。工程至抗战前夕尚未竣工。

黎元洪墓

武汉解放后，黎氏墓园为湖北省林业厅勘测设计大队占用。1966年9月在“文化大革命”扫“四旧”中墓园被毁，1981

年在纪念辛亥革命 70 周年时，武汉市政府拨款，在原墓后侧重建新墓一座。不久塌陷，1985 年又由市政府拨款 2 万元重新修建，墓前竖有“大总统黎元洪之墓”的石碑。

武汉东湖故事

大武汉故事丛书

第四章　烟浪六十里　梅岭处处春

——新中国成立后东湖与名人

烟浪六十里，梅岭处处春

——新中国成立后东湖与名人

风景秀丽的东湖之滨有一座园林式宾馆，它就是著名的东湖宾馆，原名东湖客舍，包括南山甲所、乙所、翠柳村、别墅，素有“湖北中南海”之称。

东湖宾馆与珞珈山、磨山隔岸相望，有2000多亩森林，森林面积国内宾馆之最，湖岸线长达3000多米。庭院内高树如云，古树名木繁多，鸟语花香，鹭飞鹤翔，自然环境优美，毛主席曾将这里称为“白云黄鹤的地方”，是开国领袖毛泽东继北京中南海之后居住次数最多、居住时间最长的地方。从1953年到1974年，毛泽东44次下榻这里，每次短则十天半月，长则半年之久。据说，每次到了东湖，毛主席都要给周总理打电话，说自己到了那个“白云黄鹤的地方”了。

今天，这里到处是毛主席生活、工作留下的印迹，已被开辟为“毛泽东故居”，供游人凭吊、参观，人们在这里缅怀这位与武汉有着不解之缘的伟人，回顾他在东湖之滨运筹国家建设、笑对国际风云的政治家风范。

自毛泽东始，东湖宾馆成为武汉市重要的政治接待场所，这里接待过我国党和国家领导人、外国元首、政府首脑和国际知名人士。

烟波浩渺

据不完全统计，新中国成立后，国家领导人来东湖的次数如下：毛泽东44次，周恩来11次，朱德2次，刘少奇7次以上，邓小平9次，李先念13次，董必武14次，胡耀邦9次，江泽民6次，胡锦涛16次，温家宝9次（2004年前），习近平也多次来到东湖，凭吊毛泽东故居……

发生在这里的故事，是东湖人珍贵的记忆，也为东湖沉淀了深厚的文化底蕴，是东湖宝贵的精神财富。

毛泽东与武昌鱼

武昌鱼学名团头鲂，是鳊鱼的一种，肉质细腻，脂肪丰富，原产于湖北省第二大淡水湖泊梁子湖。关于武昌鱼，民间流传着一个美好的故事。

梁子湖原本是一片陆地，叫高唐县，隋唐时期，这里一片繁华，但是农户刘满江家里却十分贫穷。这一年朝廷举行科考，刘满江赴京应试。他刚走，老母就病危，刘满江的妻子孟玉红心里十分焦急，四处借钱给婆婆治病，但总不见好转。一天，婆婆昏睡中说很想喝

武昌鱼

肉汤，孟玉红听了，拿出菜刀，从自己大腿上割下一块肉，为婆婆熬汤。婆婆喝完汤后，脸色好多了，但只维持了几天，不久，婆婆还是去世了。

这天，孟红玉家门前来了一个沿门乞讨的跛脚道人，孟红玉将自己和孩子的饭菜匀出一些来给道人，道人吃完饭，一下子变成了赤脚大仙，他对孟红玉母子说：这里很快就会发洪水，高唐县会沉入水底。你们留心，哪天高唐县衙门前的石狮子嘴里流出了血，洪水就来了。我脚上的破鞋你们留着吧，穿上这双鞋，可以保你母子平安躲过洪水！说完就化成一道烟升上天空，从空中传来道人的声音：你割股孝亲，上天让我来助你们母子脱难。果然有一天，石狮的嘴里真的流血了。孟红玉拿出赤脚大仙的鞋子，与孩子一人穿一只，他们立刻健步如飞。母子俩一边跑，一边把高唐县要发洪水的消息传播出去。消息很快传遍了高唐县，很多人都四散奔逃，高唐县一片汪洋，田地都淹没在水中，幸存的人们忍饥挨饿。孟红玉把赤脚大仙的鞋扔进湖中，一只鞋子变成了小岛，另一只鞋子变成了鱼，人们可以捕鱼充饥了。为感激孟玉红母子的救命之恩，人们为这个湖取名为“娘子湖”，湖中的鱼取名鳊鱼。

鳊鱼常见的有三个品种，长身鳊，三角鲂，团头鲂。只有团头鲂才算正宗的武昌鱼。

其实，有关鳊鱼的记载比这个传说更早。三国时就有民谣：“宁饮建业水，不食武昌鱼。”其后各个朝代都有诗人骚客诗文赞美武昌鱼。但是，直到毛泽东的《水调歌头·游泳》问世，武昌鱼才真正名闻遐迩。

1956 年 5 月 31 日，毛泽东来到武汉长江，从长江大桥 8 号桥墩入水，开始了他的第一次“万里长江横渡”。这一天，长江两岸人潮汹涌，欢声雷动，人们无不兴奋异常，又为已经 63 岁的毛主席捏着一把汗。看着毛主席在波涛起伏的江水里敏捷自如，或者迎风击浪，或者把桀骜不驯的江水当成绿茵茵的草坪，惬意地躺在水面上，“胜似闲庭信步”，人潮里爆发出阵阵欢呼与祝福。历时两个多小时，毛主席在汉口谌家矶上岸，坐进永康号轮船，他对陪同的李先念说：“以后我每年都要来游长江”。

那天，毛主席在船上吃的饭是四菜一汤，其中有两道菜是用鱼做的，一道菜是红烧草鱼，另一道菜就是清蒸鳊鱼。为毛主席做菜的是东湖宾馆的厨师杨纯清。

清蒸鳊鱼鲜嫩可口，毛主席胃口大开，吃了一小碗米饭，鳊鱼全吃光了。

晚上，毛泽东回到东湖甲所，驱遣击浪之余兴，奋张图强之雄风，笔走龙蛇：“才饮长沙水，又食武昌鱼。万里长江横渡，极目楚天舒……”杨纯清与几位工作人员在屋外休息闲谈，随行人员对

毛泽东畅游长江时间表

杨师傅说；“毛主席特别喜欢吃你做的鳊鱼”。这时，只见主席从客厅里走出来，笑容满面地说：“杨师傅啊，你做的鳊鱼蛮不错嘛！这武昌鱼还有不少典故呢，岑参有‘秋来倍忆武昌鱼，梦魂只在巴陵道’；马祖常有‘携幼归来拜丘陇，南游莫忘武昌鱼’。看来，武昌鱼历史悠久。”说着拿出一张条幅问杨纯清，“我刚刚填写了一首新词，送给你要不要呀？不吃你做的武昌鱼，我是填不出词来的。”

这就是那首脍炙人口的《水调歌头·游泳》，当时叫《水调歌头·长江》，开篇就是“才饮长沙水，又食武昌鱼”。那时，由毛泽东最后作出决定的武汉长江大桥正在修建，一桥飞架南北的恢弘气势已经在毛泽东眼里展现，一副建设社会主义新中国的宏图伟略正徐徐展开，搏击长江风浪与建设伟大祖国的雄心壮志激起毛主席诗情满怀，这篇《水调歌头·长江》便一挥而就。

《水调歌头·长江》于1957年1月在《诗刊》上发表，定名为《水调歌头·游泳》。毛主席在后来的10年里畅游长江共40多次，这是他第一次、也是唯一一次以“游泳”为题材的作品。从此，武昌鱼名满天下。而毛主席送给杨师傅的那张条幅竟是最初的原稿，成为杨师傅一生最珍贵的收藏。

受到毛泽东畅游长江精神的鼓舞，接下来的1958年6月，武汉举行了新中国成立后的首届横渡长江竞赛，游程5000米，多达1958人参加。从此，横渡长江活动闻名于世。

1966年7月16日，毛泽东主席以73岁高龄再次畅游长江，这一天，被确定为毛泽东畅游长江纪念日、全国游泳日。以后数年，每到这一天，全国众多城市都会举行横渡江河或游泳活动。

风云际会看梅岭

东湖宾馆里，到处是毛泽东留下的印迹。随处可见的石头，镶嵌着毛泽东当年在这里的留影：散步、眺望、游泳；故居墙壁上挂着数百张毛泽东在这里运筹帷幄的历史瞬间。自1953年到1974年的20年里，毛泽东入住东湖宾馆的次数达到44次，每次少则几天，多达半年，前后共计1000多天。1966年和1969年这两个特殊年代的春节，毛泽东都是在东湖梅岭1号度过的。据说除了中南海，东湖是新中国成立后毛主席居住最久的地方。他在这里部署新中国建设，应对世界大局。

拍板长江大桥、武钢选址：1953年2月，毛泽东新中国成立后第一次来武汉，视察了汉水两岸。次日，毛泽东亲自到黄鹤楼一带勘察，决定了在龟山和蛇山之间架设武汉长江大桥的方案。1957年

毛泽东在梅岭

9月，大桥通车前夕，毛泽东从汉阳桥头一直走到武昌桥头堡。晚上回到东湖梅岭后，挥笔写下："一桥飞架南北，天堑变通途。"至今，镌刻着这几个遒劲大字的纪念碑仍矗立在桥头。1955年10月，作为新中国成立后投资建设的第一个大型钢铁企业，武钢破土动工。1958年9月13日下午，武钢炼铁厂第一号高炉提前炼出第一炉铁水，毛泽东亲临现场，见证这一历史时刻。

构想三峡大坝和南水北调：1953年2月16日，毛泽东在新中国成立后第一次到武汉，坚持坐船视察了汉水两岸，坐木船浏览了东湖。19日，长江水利委员会主任林一山陪同毛泽东登上"长江"舰，前往南京。在"长江"舰上，毛泽东问林一山：南方水多，北方水少，能不能借点水给北方？又指着林一山展开的长江流域水利资源综合利用规划草图问：你觉得，这么多支流水库加起来，能不能抵上在三峡修建一个大水库？林一山回答，从防洪效益上来讲，这些支流水库加起来也抵不上在三峡修一个水库。毛泽东称林一山为"长江王"，对他说：三峡问题暂时不考虑开工，我只是先摸个底，但南水北调工作要抓紧。随后林一山派出勘察队，经多次考察，先后设计了三条可能的引水线路。其中一条就是在丹江口建水库，引汉

（水）济黄（河）。1958 年 8 月，《中共中央关于水利工作的指示》颁布，第一次正式提出南水北调。同年 9 月 1 日，丹江口水利枢纽工程开工，初期工程在 1974 年全部完成，运行至今，为南水北调中线工程奠定了基础。

指挥炮击金门和华沙谈判：1958 年，中东局势骤然紧张。蒋介石扬言要反攻大陆，从美国买来 U2 高空侦察机，并经常轰炸福建沿海，空投特务。此前，美蒋曾签订《共同防御条约》，美国第七舰队也开到台湾海峡巡逻。这年 4 月，毛泽东在东湖梅岭南山甲所，将目光锁定在金门，决定从这里入手，“直接对蒋，间接对美”。8 月 23 日，几万发炮弹射向金门。9 月，毛泽东离京来汉，在南山甲所就炮击金门和中美华沙谈判问题给周恩来、黄克诚写信。他提出炮击金门集中打与打零炮相结合的策略，并两次以彭德怀的名义发布亲自撰写的《告台湾同胞书》。这一仗一直到 1979 年元旦才结束，中间边谈边打，毛泽东将军事、政治、外交斗争绝妙地结合在一起，彻底挫败美国“划海而治”分裂中国的意图。后来，军事界称炮击金门为“世界战争史上的奇观”。

毛泽东在东湖会见蒙哥马利

两番接见蒙哥马利：1961 年 9 月 23 日、24 日，毛泽东两番接见英国陆军元帅蒙哥马利。在

二战中，这位英国陆军元帅曾成功指挥了北非阿拉曼战役和具有历史转折意义的诺曼底登陆。蒙哥马利跟主席谈了关于三项原则的问题，了解毛泽东对世界形势的看法，毛泽东坦率地一一作答，他表示，中国即使强大后，也不会向外扩张，去侵略别的国家。这些谈话经西方媒体报道后，在世界上反响强烈。24日晚上，蒙哥马利正在整理行装时，毛主席亲自来到他的住处，送给他自己亲手写的“赠蒙哥马利元帅——《水调歌头·游泳》”词并笑着说：“不要忘了，我们还将在长江进行游泳比赛呢。”1962年，伦敦考林斯书店出版了蒙哥马利所著的《三大洲》一书，书中详细记载了蒙哥马利与毛泽东在武汉的两次谈话内容。蒙哥马利的后人一定还记得元帅所讲的一个中国伟人横渡长江的壮举。

提出实践是检验真理的唯一标准：1963年11月，刘少奇、邓小平等人在东湖宾馆写《在战争与和平问题上的两条路线——五评苏共中央公开信》，此文打印出来后，毛泽东修改时，加注了“社会实践是检验真理的唯一标准……”毛泽东本来就是一个大哲学家，他改完这篇文章，很高兴，还在东湖边照了一张相。这张照片如今也挂在毛泽东故居陈列馆内。在梅岭礼堂前的空地上还有一张照片，是毛泽东1965年入住东湖宾馆时，在湖北省委书记王任重的陪同下，观看警卫战士打篮球的场景。在这次看篮球赛的时候，毛泽东第一次提出了“友谊第一，比赛第二”的口号。

提议邓小平第二次复出：1974年7月至10月，毛泽东最后一

毛泽东邓小平在东湖

次住在东湖梅岭，其间前后接待了5批来自第三世界的国家元首及政要，有3次邓小平作为陪同团团长出席。毛泽东在接见多哥总统时当着中外媒体记者面前称赞邓小平："绵里藏针，柔中有刚，政治思想强，人才难得"。邓小平在"文革"中遭受迫害，直至1973年才恢复党组织生活和国务院副总理职务。10月4日下午，他让秘书电告北京，提议邓小平担任中共中央副主席、国务院第一副总理、中央军委副主席兼中国人民解放军总参谋长。邓小平这次复出，为后来主持中央工作埋下了历史性的伏笔。

毛主席在东湖召开了1958年的武昌会议，接待过64个国家的近百批客人，其中13批由国家元首、政府首脑率队，9批由副总理、副议长或部长率队，还包括埃德加·斯诺、安娜·路易斯·斯特朗、韩素音等许多国际知名人士。越南劳动党主席胡志明先后13次下榻东湖宾馆；柬埔寨的西哈努克亲王，也多次来东湖宾馆住宿。规模最大的一次是1966年7月，毛泽东在东湖梅岭接见了出席"亚非作家紧急会议"的160多名代表，这些代表来自52个国家。金日成先后6次来东湖，毛泽东接见了4次，另有2次是金日成路过武汉，出于对东湖的喜爱，就下榻在东湖宾馆；南山甲所门前，还

毛泽东在东湖活动图片

有一棵他与金日成一起种下的松树，如今已是枝繁叶茂。

1974 年秋天，毛泽东离开东湖宾馆时，似乎有了最后一次的预感，他十分动情地说道："我还要再来，我喜欢武汉这个地方。"

毛泽东对东湖的评价：1953 年 2 月 16 日，毛泽东与李先念、李雪峰、罗瑞卿、王任重同船游东湖。毛泽东说："你们的东湖不错嘛！湖的北面地势平坦开阔，南面层峦叠嶂，东西两面丘陵起伏有致。整个湖区，山水相依，自然条件绝好，是游览休息的好去处，特别是如此浩瀚的湖面，如此清澈的湖水，真是少见啊！"那是毛主席第一次来到东湖宾馆，平实的话语令人倍感亲切。

后来，主席又一次说："湖北地处中原，扼守着长江和京广线上的咽喉，战略地位十分重要。东湖比西湖好，这里有长江，夏天还可以游泳，东湖的樟树、桂花树、竹子……风景真好。四周的柳树、水杉树甚多，对岸是老虎尾，远处是中山亭，那边是珞珈山，茂密的树林里是武汉大学校址。东湖真好。"

自然条件绝好，是游览休息的好去处。东湖比西湖好。东湖真好。总是洋溢着满腔豪情与诗情的毛泽东用这样朴实简单的话语来定位东湖，或许正表达了他老人家对东湖的由衷眷爱。东湖的宽广、丰富与秀美，是不是写照了毛主席内心的博大与柔情呢？

斯人已去，草木肃容。毛泽东是东湖宾馆最值得骄傲的历史，伟人的智慧与气魄为湖山添彩、梅岭生辉。走在既典雅又现代的东湖宾馆内，处处可见毛泽东在这座历史名园留下的烙印。如今，毛泽东故居已成为东湖宾馆天然的革命传统教育基地，习近平总书记视察东湖时叮嘱湖北省领导，要把东湖建成青少年革命传统教育基地，让人们来这里倾听伟人事迹、感受伟人风范。

周恩来与七十八樱花亭

阳春三月，风和日暖。走进东湖磨山樱花园，一片起伏的山坡碧草青青，坡上一丛丛樱花热闹地开着，坡顶上，园中标志性建筑五重塔俏立于樱花丛中，这座塔仿照日本著名建筑弘前五重塔而建，高 31 米，端庄精美，散发着古朴厚重的日本风情，提亮了满园花色。樱花园中，有一座特别的小亭，小亭有个特别的名字：七十八樱花亭，掩映在 78 株绚丽的樱花中，用她那独特的名字，向前来观赏的人们讲述着一个不太久远的过往。

20 世纪 70 年代，在中国成功加入联合国以及中美关系逐渐解冻的国际大背景下，中日双方经过共同努力，实现了两国关系的正常化。1972 年，日本首相田中角荣踏上了中国领土，实现了战后

周恩来会见田中角荣

日本首脑第一次对华访问。

1972 年 9 月 25—29 日，周恩来总理与田中角荣首相举行了四次会谈。尽管中日之间在台湾问题以及钓鱼岛和靖国神社等问题上还存在着诸多分歧，但本着搁置争议面向未来的原则，双方一致同意此次签订《中日联合声明》，建立两国间外交关系。在宴会上，田中角荣首相致答谢词时对于日本侵华战争的性质问题这样表述：“遗憾的是过去几十年间，日中关系经历了不幸的过程。其间，我国给中国国民添了很大的麻烦，我对此再次表示深切反省之意。”

这样的措辞太轻描淡写了。周总理严肃地指出：“日本军国主义发动的侵略战争给中国人民带来了沉重的灾难，日本人民也深受其害；您只说‘添麻烦’就了事了？用‘添麻烦’一词作为对过去的道歉，中国人民是不能接受的。”

经过几次会谈和磋商，最后，田中角荣在联合声明中这样说：“日本方面痛感日本国过去由于战争给中国人民造成的重大损害的责任，表示深刻的反省。”1972 年 9 月 29 日，中日两国政府首脑在北京签订了《中日联合声明》，宣告两国邦交正常化。6 年后，1978 年 8 月，中日缔结《中日友好条约》，以法律形式确认了《中日联合声明》的各项原则。

周总理十分喜爱日本樱花，留学日本时写过四首樱花题材的诗。1979 年 4 月，邓颖超率中国人大代表团访问日本。前首相田中角荣特意送给邓颖超 78 株名品山樱。田中有心选取 78 这个数字，一是周总理享年 78 岁，二是《中日和平友好条约》于 1978 年缔结，这是当年《中日联合声明》的最终成果，田中角荣赞颂周总理为维护世界和平、致力于中日友好所作出的巨大贡献。

周恩来生前多次在武汉生活和工作，其中有两次，即抗日战争期间和“文化大革命”期间，周恩来来到东湖。

1937 年 12 月 18 日，中共中央政治局委员、中共中央军委副主席周恩来与夫人邓颖超、博古等五人从延安风尘仆仆地抵达国民政府“战时首都”——武汉。第二天，周恩来与夫人就被安排在武汉大学珞珈山十八栋一区居住，与住在半山庐的蒋介石夫妇毗邻，这是国难当头，国共联手抗日的一次精心安排，昭示了国共通力合作的抗日决心。

这一时期中共在国民党统治区的工作，许多都是在武汉开端的，周恩来这次在武汉工作 10 个月，领导南方党的工作，同时在武汉继续与国民党就国共合作的具体问题进行谈判。同蒋介石谈判、团结一切可以团结的力量，同新老朋友共商抗日，是周恩来 1938

樱花园美景

年在武汉的主要工作。东湖珞珈山成为周恩来工作的重要场所，他不但与蒋介石多次见面，还在此结交了许多国民党爱国人士：李宗仁、冯玉祥、邓锡侯、张冲、张治中、章乃器……据说，冯玉祥见过周恩来的第二天，在自己的办公室写下八个大字：吃饭太多，读书太少。

樱花园五重塔

“文革”期间，1967年，周总理来到东湖，解决“七·二〇”事件。

那年7月，为了稳定国内局势，毛泽东要到南方视察，特别提出中途要到武汉去游泳，“天下的水只有武汉的好”。当时武汉的造反派组织“工人总部”和对立的“百万雄师”两派观点严重对立，不断发生冲突，甚至发生大规模武斗，武汉一片混乱。为了毛泽东的安全，周恩来亲自打前站，先期到达武汉，并希望武汉军区借主席到武汉的机会把问题解决好，促进两派联合，稳定武汉形势。

按照周恩来的安排，毛泽东住梅岭1号，他自己住百花1号，后来抵汉的公安部长谢富治、中央文革小组成员王力住百花2号。为了保证毛泽东、周恩来的安全，武汉军区司令员陈再道、政委钟汉华也搬到东湖乙所住了下来。

周恩来刚刚离开武汉，谢富治和王力就擅自发表煽动性的支持

造反派的讲话，致使两派对立情绪骤然加剧。7 月 20 日，一些被激怒的群众和战士将王力拉到军区大院质问。林彪、江青乘机大做文章，污蔑他们为“反革命暴乱”。周恩来闻讯即刻返回武汉。这一阶段与“文革”的其他阶段相比，其狂暴性更加突出，整个国家和社会处于空前的动乱状态之中，正确处理武汉“七·二〇”事件，对稳定国内局势至关重要。周恩来往来奔波于北京、武汉、上海之间，力挽狂澜，终于平息了“七·二〇”事件，在此时和以后尽全力保护了陈再道、钟汉华等武汉军区负责人。

往事历历，而总理已逝。邓颖超想到周总理在武汉大学那些唇枪舌剑的日子，想到周总理在东湖处变不惊、临危不乱的睿智与从容，将这批珍贵的山樱送给了武汉东湖。

1979 年，磨山南畔，78 株樱花落地生根。随后，78 樱花亭与虹桥、小岛、叠水、置石等景观掩映在如锦似霞的樱花丛中。如今，磨山樱花园有染井吉野、关山、大岛樱、垂枝樱等 50 余个品种，共 1 万多株樱花，与日本弘前市、美国华盛顿并称世界三大赏樱胜地。

美丽的东湖有幸抓住了周总理一生中那几个伟大的瞬间。敬爱的周总理将自己与东湖的缘分留给了 78 株樱花，让他生前钟爱的樱花在时间的长河里绵延他与东湖未尽的情缘。

朱碑亭与《兰华谱》

磨山在东湖沿湖群山中最为秀丽，三面环水，蜿蜒约8里，民间有“十里长湖，八里磨山”之说。山上松桂茂密，植物品种繁多，山腰小道环绕，登山远眺，洲渚棋布，湖港曲折，舟楫往来，悠然闲适，湖光山色，美不胜收。

磨山西峰，即八里磨山第一峰，有一座朱碑亭，为纪念朱德元帅为东湖题词而建。朱碑亭为二层连廊式建筑，采用红色水磨石开放结构，琉璃飞檐，新颖别致。在亭子第二层正面有一块大匾额，上刻“朱碑亭”三个金色大字，遒劲刚健，为郭沫若先生手书。这时郭沫若已经病重，三字为其绝笔，弥足珍贵。亭子挂落上雕刻有许多朱德元帅喜爱的兰草图案，亭内摆放着不少盆栽兰花，微风过处，兰草摇曳，似乎轻语着朱德元帅的兰花情怀。亭前方约10米处，立着一块巨大的不规则形状的红色大理石，正面镌刻着朱德同志题词全文，书法质朴有度，疏而不散。碑底四周种植着芳草花木，典雅庄重。

1954年阳春三月，朱德同志视察工业重地湖北。朱德来到东湖，登上磨山，极目远眺，只见碧波万顷，山如屏障，果然风景怡人。朱德十分关切地询问了东湖风景区开发建设的一些情况，挥毫题词：“东湖暂让西湖好，今后将比西湖强。东湖有很好的自然条件，配合工业建设，一定可以建设成为劳动人民十分喜爱和优美的文化

朱碑亭

区和风景区。”

除了题词，朱德元帅还具体指导东湖建设。东湖气候温暖湿润，是各种植物的天然乐园。

戎马一生的朱德元帅特别喜爱兰花。兰花质朴文静、淡雅高洁，历来被看作是高洁典雅的象征，被誉为“花中君子”，“王者之香”，与“梅、竹、菊”并称为“四君子”。人们通常以“兰章”喻诗文之美，以“兰交”喻友谊之真。

在东湖，朱德亲自将自己珍藏多年的《兰华谱》和《兰花》等5本种植兰花的书赠送给东湖。他诙谐地说，我从北京来，没有给你们带来什么珍贵礼物，我把多年收藏的几本种植兰花的书给你们带来了。你们是风景区，种植花草树木很重要，这几本书你们好好看看，研究研究。他讲了许多培植兰花的方法，还叮嘱工作人员：“兰花很好，既有观赏价值，又能药用……要自力更生，自己到山上去挖，不要光买。”

谈到东湖的发展时，他说园林建设要结合经济发展，建议搞点药材，“这些东西虽然价值不高，但可以治病，为人民服务”。

朱德元帅如此关心东湖建设，给了东湖干部职工极大鼓舞，他们积极组织起来，到几百里外的鸡公山去寻找、采挖兰花，发展兰

石刻朱碑

花事业。在药材和香料作物方面，种植了牡丹、白芍、玫瑰、桂花、玉兰等。女贞子、香樟子、侧柏籽、辛夷、棕榈、喜树子等药材，也都有一定收获。金橘、油橄榄、蜜橘就是那几年在朱德老总的指导和关心下发展起来的。

元帅的题词给了东湖人莫大的自信。此后，东湖风景区决定建一座亭子以志纪念，不料十年浩劫，这一愿望就此搁浅。

粉碎“四人帮”后，建亭一事又被提上日常议程，人们看着朱老总的题词，看到东湖的变化，就想起朱老总在东湖倾注的心血。但是，省里计划在磨山修建一座烈士陵园。东湖风景管理处和一些有识之士认为：磨山是东湖风景区的中心，在此建烈士陵园，将会破坏整个东湖风景区的景致，气氛不协调，影响东湖风景区的长远规划和发展。为了保护东湖风景区这一大自然赐予的天然旅游资源，人们冒着挨批评、丢“乌纱帽”的风险，先斩后奏，抢先在磨山西峰修建了朱碑亭，今天，人们见到的朱碑亭就是这样“抢出来”的。1981 年 3 月，在朱德同志东湖题词 27 周年之际，朱碑亭正式对中

外游客开放。人们在这里登亭远眺，长江如流金闪烁，隐约可见，湖港稻畦，如今似画。

磨山苍松翠柏，郁郁葱葱，朱碑亭立在这山明水秀的磨山第一峰，万绿丛中一点红，成为东湖二十四景之一。

邓小平在东湖的“光盘”教育

新中国成立后，邓小平造访武汉20多次，每次都下榻东湖宾馆。

1958年11月，新中国成立后邓小平第一次来到武汉，协助毛泽东在汉召开中央武昌会议和八届六中全会，纠正在大跃进中泛滥起来的“左”倾错误。时任中央书记处总书记的邓小平在会前和会议期间做了大量工作，为纠正失误，调整政策，提出了许多正确的主张。

以后，邓小平多次协助毛泽东在东湖处理国事。1974年，邓小平陪同毛泽东在武汉东湖宾馆接见外宾。正是在这次活动中，毛泽东提议邓小平担任中共中央副主席、国务院第一副总理、中央军委副主席兼中国人民解放军总参谋长。这是邓小平的一次历史性复出。

最让人难忘的是邓小平与家人手牵手游逛东湖，进餐时教导家人不要剩饭剩菜，也就是今天提倡的“光盘行动”。

邓小平不摆官架子，平易近人，在生活上从来不提要求，他是

邓小平与家人在东湖

四川人，却说，吃饭就按湖北的规矩来，每次都是四菜一汤，一般是一个荤菜、一个夹荤菜、两个素菜。都是一些简单时令菜。师傅有时做几样武汉小吃，如春卷、热干面、面窝等，他都喜欢，有时怕麻烦服务员张罗，他就自己在房间吃。

东湖的鸟非常多，有几次邓小平在湖边散步，服务员担心鸟粪掉落到他身上，在一旁提醒“首长，请注意，小心鸟粪落到身上。”邓小平竟笑道，“那好啊，说明你们这里的环境好，别的地方想要鸟粪还没有呢。”

邓小平非常喜爱东湖的青山绿水，饭后常与夫人卓琳手牵手在湖边散步谈笑风生。邓小平的家庭观念很重，还有几次抱着小外孙在东湖水榭游玩，或是和家人乘坐游船，其乐融融。

1980 年 7 月，邓小平与家人共同在东湖宾馆的那些日子，和夫人卓琳、子女，还有孙子辈围坐在一起吃饭，吃到最后，他和卓琳总是教导孩子们将盘子清空，不要剩饭剩菜。如今提倡的“光盘行动”其实在邓小平那里一直就是家规，吃饭时不折不扣地执行着。

“湖北国宾馆”梅岭处处春
——历届国家领导人对东湖的钟爱

叶剑英与屈原塑像

“文革”期间，东湖风景区不但没有按照总体规划继续建设，已有的景观反而遭到严重破坏，东湖标志性景点“泽畔行吟”的破坏尤其严重，屈原雕像被“红卫兵”炸毁，投入东湖中，这一次，行吟之处的东湖成为这位去国怀乡的苦闷诗人的又一罹难之所，雕像基座上换成了三位“工农兵”。

谁能料到历史的风云如此诡谲？被尊为民族精神符号的屈原会在两千多年后以金石之躯再一次蒙受相似的灾难？

“文革”的梦魇终于过去，东湖许多停止建设的项目重新启动，人们盼望着三闾大夫重回东湖，可是，这样就得废除红卫兵雕像。这是个敏感的问题，没有人敢率先动手。

1979 年，叶剑英前来东湖

叶剑英东湖题诗

泽畔行吟放屈原
为伊太息有婵娟
行廉志潔泥不滓
一读骚经一肃然
叶剑英
一九七九年四月廿三日

游览，面对着泽畔行吟景观的断垣残壁，叶老信口吟出“泽畔行吟放屈原，为伊太息有婵娟。行廉志洁泥无滓，一读骚经一肃然”的诗句，对这位爱国诗人充满崇敬之情。

叶老的题诗，无疑是为屈原“平反昭雪”，屈原雕像复原工程终于得到肯定。三个月后，依据一张原作正面照和屈原胸像的头部残块，谢从诗与陈国萍复原了“屈原”。1979 年 7 月初，屈原雕像重新矗立在人们眼前。

李先念的天下第一好菜

新中国成立初期，李先念任湖北省长，不仅熟悉东湖，还对东湖的建设做出不少贡献。东湖宾馆餐厅丰富的菜料和大师们精心的制作，使鄂菜美名远播，许多国家领导人在首次品尝了鄂菜后，与鄂菜结下不解之缘。李先念就特别喜欢吃东湖的四菜一汤。

李先念在东湖宾馆

1989 年 4 月，全国政协主席李先念携夫人及家人在东湖宾馆小住，餐厅厨师陈昌根回忆说，他做的臭干子得到李先念主席“天下第一好菜”的美誉。那天，

李先念吃完饭后，高兴地对他说：“陈师傅！我觉得走了许多地方，只有东湖宾馆的菜最好吃，而今天我吃了一道天下第一好菜——炸臭干子。”

除了李先念主席，当年杨尚昆主席住在东湖宾馆时，对鄂菜也是赞不绝口，他经常对身边的工作人员说：我在东湖宾馆不是每天都吃得好，而是每餐都吃得好。

胡耀邦题词环山路

1984 年 4 月 12 日，江城武汉，雨过天晴，春光明媚。中共中央总书记胡耀邦同志来到武汉东湖，视察东湖磨山环山道路工程，看望施工部队。下午 5 时，游人未尽，只见四辆面包车，沿着绿树掩映的磨山公路盘旋而上，来到位于磨山之颠的“朱碑亭”下。车门打开，胡耀邦迈着矫健的步伐，出现在指战员们面前。还没等值班干部报告，就疾步走到队伍前面，伸出有力的手，紧紧握住了指战员们的手。他站立在大家面前，细细地端详了一会，询

胡耀邦题词环山路

问工程情况。武汉部队周世忠司令员、严政政委介绍说，参加施工的连队大部分是英雄连队，具有为民造福的优良传统。听说这条道路的基础工程原计划当年 10 月 1 日竣工，现在“五一”前就可以完成时，胡耀邦高兴地说：“这说明你们这个部队很有战斗力嘛！”

总书记的赞扬，是对施工部队的高度评价，是鼓励，是期望，极大地鼓舞了全体指战员。应指战员们的要求，胡耀邦信步走到茶桌旁，从一名战士手中接过毛笔，饱蘸浓墨，挥毫疾书，为修建盘山公路的部队题词：

“东湖挥洒爱民汗，装点磨山赶西湖。”

附：

易改成洞房别妻：易改成 24 岁，1989 年从湖北襄阳农村入伍。2 月中旬，连队批准他回家完婚。他回家张罗完结婚事宜，正在举行婚礼，突然收到从部队发来的一份归队急电。易改成的父母劝他晚几天走。他说：“我是一名战士，服从命令是军人的天职；再说我又是班长，部队发来急电，一定是要执行任务，我怎能留在家里呢？”父母见劝不住，只好帮他收拾行李；燕尔新婚的妻子也深明大义，及时送他赶到车站，乘上了北上的列车。来到工地紧张战斗了半个月，才抽空给妻子写了一封长长的家书：

……我们的蜜月虽然在信中度过，但是，当我在工地上看到新建的环山路这条彩练挂上磨山诸峰，一群群中外游人笑逐颜开地饱览东湖胜景时，我就感到幸福、充实。等到东湖环山路竣工时，我

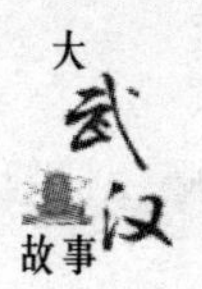

接你来看看，你就会明白‘比爱情更重要的是事业和职责’这句话的含义……

江泽民与东湖水

江泽民6次来到东湖。“文革”风暴最疾之时，江泽民正好在武汉。幸运的是，他不仅没有受到过多精神和肉体上的伤害，还在东湖学会了游泳。

1998年夏天，长江沿线发生特大洪灾。江泽民总书记带领温家宝、张万年、贾志杰、蒋祝平等领导同志亲临抗洪一线，指导抗洪救灾。8月13日，江泽民总书记在东湖宾馆作了《夺取长江抗洪抢险决战的最后胜利》的重要讲话。

1999年5月，江泽民再次来到湖北视察工作，下榻东湖宾馆。

武汉岁月给江泽民留下了深深印记。他在2003年的全国“两会”期间深情回忆，那时候，“每天傍晚5点多，我都一个人到东湖游泳。我的游泳水平是在东湖练出来的。”

胡锦涛向东湖卫兵挥手致意

毛泽东、邓小平、江泽民、胡锦涛等党和国家领导人以及数十位外国元首先后下榻过东湖宾馆，为保证首脑们的安全，东湖宾馆配备了一支特殊的保卫队伍——湖北省武警总队二支队九中队，他们的前身就是上甘岭战役中的英雄部队“特功八连”，今天，他们成为最具传奇色彩的荆楚“第一卫队”。

因为岗位特殊，九中队队员有着许多令常人羡慕不已的经历。在九中队队员中，不少人都曾为首长站岗，甚至与首长合影留念。

九中队战斗七班班长郭良宾的相册里，珍藏着好几张与中央首长的合影，他们当中有贾庆林、李长春，这些“大人物”过去他只能在电视里看到。

第一卫队官兵训练

郭良宾来自山东菏泽，2008年入伍，因为工作突出荣立过三等功。他说，他永远不能忘记去年2011年5月31日下午为胡锦涛总书记站岗的经历。

2011年5月，胡锦涛视察湖北，下榻东湖宾馆。

那天下午5点，郭良宾正在岗哨执勤，突然看到胡锦涛总书记从房间出来。两人的距离七八米，郭良宾清楚地看到，胡锦涛总书记穿着白衬衣，黑皮鞋，一脸慈祥，比电视上看起来还要精神很多。

胡锦涛总书记朝着郭良宾走来，郭良宾连忙向敬礼首长问好。听到他喊“首长好”，胡锦涛总书记停下脚步，向他挥手致意，随行的人员也纷纷向他挥手回礼。

“总书记跟我打招呼了！”一周后，执行完保卫任务，激动不已的郭良宾打电话将自己的经历告诉了父母和亲朋好友，“这是我人生的一笔宝贵财富和资本，它将激励我更好地为党、为国家、为人民服务。”

习近平在东湖

2013年7月21日，习近平总书记到湖北调研全面深化改革问题和当前经济运行情况。总书记说：“绿水青山是最好的金山银山，绝不能以牺牲环境为代价换取一时的经济增长，绝不能以牺牲后代人的幸福为代价换取当代人的所谓‘富足’”。当晚18时45分，长江两岸已是万家灯火。在繁忙的行程中，习近平特地考察了东湖之滨的毛泽东故居。

2010年1月24日，习近平担任中共中央政治局常委、国家副主席时来过东湖，参观东湖宾馆梅岭 1 号毛泽东同志故居。东湖宾馆馆史研究室主任郑敏庭负责介绍。习近平亲切地问他：你知道我是第几次来武汉吗？郑敏庭回答两次，习近平笑道：不对，这应该是第三次，第一次是 1966 年大串联的时候，我到了武汉，还在长江大桥上看长江呢。习近平的平易近人不仅让郑敏庭印象深刻，还感动了在场的所有人。

这次负责讲解的仍是郑敏庭。

为纪念毛主席诞辰 120 周年，武汉东湖宾馆对毛泽东同志故居重新布展，在一楼陈列馆展出 400 余幅珍贵的毛主席历史照片。一幅 1953 年毛主席在武汉黄鹤楼下与小商贩亲切交流的照片，吸引了习近平的目光，他在照片前久久停留。郑敏庭介绍，当时，毛主席正与小商贩说话，结果被市民们发现了。大家簇拥过来，要和毛主席握手，毛主席握着群众的手，与群众交流互动了两个多小时。郑敏庭感概地说：“领袖与群众的水乳深情令人感动，现在正在深入开展的党的群众路线教育实践活动，真好！”习近平点了点头。

考虑到总书记奔波了一整天，可能比较累，郑敏庭加快了讲解进度，移步到下一个板块，却见总书记仍停留在原地不动，他只好又退回来接着讲解。

习近平看得认真，问得仔细。听完讲解，他叮嘱李鸿忠、王国生：“今年是毛主席诞辰 120 周年，一定要把毛主席故居办成爱国主义和革命传统教育基地，特别是在对青少年一代教育中发挥更大

毛泽东故居

作用。”

2015 年 6 月 6 日，东湖长天楼迎来一个值得铭记的日子。由中国书法家协会、湖北省委宣传部共同指导，湖北省文联、湖北中华文化促进会、书法报社、湖北省书协联合主办的“习近平用典”全国名家书法特别展在武汉东湖长天楼开展。全国人大环境与资源保护委员会副主任委员罗清泉等出席开幕式。

古典名句，是历史长河中历经砥砺的智慧结晶，是传承中华民族优秀传统文化的经典载体。习近平主席在各种讲话中经常用到古典名句，生动传神，寓意深邃，极具启迪意义。用典，可以说是习近平讲话的一个重要特征。人民日报社特别组织编写《习近平用典》一书，在对习近平总书记重要讲话（文章）引用典故追根溯源的同时，深入学习习近平总书记的重要讲话（文章）精神，准确理解习近平总书记的思想精髓和现实意义。

这次在东湖长天楼举办的展览邀请了全国百余位书法名家，书写《习近平用典》一书。习近平总书记系列重要讲话和文章中引用的这些经典名句，内容涉及敬民、为政、立德、修身、劝学、廉政

习近平用典书法

等诸多方面。如：

天下篇——计利当计天下利。

为政篇——政者，正也。其身正，不令而行；其身不正，虽令不从。

廉政篇——一丝一粒，我之名节；一厘一毫，民之脂膏。宽一分，民受赐不止一分；取一文，我为人不值一文。谁云交际之常，廉耻实伤；倘非不义之财，此物何来？

立德篇——一心可以丧邦，一心可以兴邦，只在公私之间尔。

法治篇——立善法于天下，则天下治；立善法于一国，则一国治。

……

展览的书法力作，风格各异，文、书并美，主题鲜明，洋洋大观，不仅有助于我们深入领会习总书记的讲话精神和思想精髓，同时也有助于我们从前人典籍中吸取营养，继承和弘扬优秀传统文化。

磨山“自然之谜”

1999 年 6 月 22 日是东湖磨山一个值得纪念的日子。

那天傍晚，7 点 30 分左右，东湖的游人兴尽而归，喧闹了一天的东湖慢慢安静下来，突然，磨山景区附近的湖面上凭空升起一团耀眼的白雾，这团白雾迅速冲向磨山景区离骚碑前方的一道山谷方向，所到之处，狂风大作，飞沙走石，震耳欲聋的劈劈啪啪声不绝于耳。白雾冲到山峰，似乎遇到阻力，又倏然回头，沿来路退回，滑向湖面，转眼消失在湖面上。当时，193 疗养院泵站的一位师傅看完新闻联播后，发现灯光一明一暗，以为电压不稳，担心烧坏电器，起身到隔壁房间去关掉总开关，意外地目睹了这一奇观。他离事发现场仅 10 多米，白雾来无影去无踪，事先没有任何征兆，眼前只见白花花的一片，从升起到消失，前后不过两三分钟，然后，东湖风平浪静，蓝天白云，仿佛什么也没有发生。

如果白雾没有一路折断几百棵水桶粗的大树，如果没有其他人同样目睹了这一诡异情景，也许，谁也不会相信这团白雾真的出现过。东湖风景区的一位工作人员想起这件事就感到后怕，当时，他不仅清清楚楚地看到了这团白雾，而且亲眼看见白雾一路披荆斩棘，所过之处，一棵棵粗壮的大树被拧断或者被连根拔起，朝着一个方向倒下，白雾留下了真实存在的最好证据。

第二天，人们惊愕地发现，树木丛生的磨山被一股无形的力量开辟出一条 7 ～ 8 米宽、连绵千米的诡异通道。在这条通道上，700 多棵生长了几十年的壮硕树木被连根拔起或齐腰斩断，这些树木有樟树，有结实的栗树，最高的 20 余米，比水桶还粗。一片高达两丈的树桩耸立着，露出崭新的断口。更加令人骇然的是，很多树木切口平滑如镜，像是被武林高手用利剑一挥而断。还有的树被凌空撕成了两半。

这就是轰动全国的“磨山白光倒树之谜”。东湖水面33平方千米，刮风时东湖上可以听到涛声拍岸，四级风时，湖面上会起白浪；五六级风，就有浊浪排空的“海景”。但是，千百年来，东湖从来没有出现过“白光”现象。

当时，各地报刊相继报道了“武汉东湖白光倒树之谜”，一时间，各种各样的猜测蜂拥而起。有人看见那条倒满树木的现场，觉得很像是一个暂时失控的飞行器跌跌撞撞地冲进树林，然后又飞走了。事后的连续报道似乎印证了这一猜测：那晚，有人在武汉夜空发现三个“飞碟”。但是这个猜测马上遭到反驳：白雾是从东湖水面升起的，而东湖平均水深仅2.5米，根本容不下宇宙飞行器。

也有人说那道神秘的白光就是传说中的龙，它从东湖水面腾起，又倏然消失于烟波浩淼的水面之下，不正是传说中的“龙抬头”吗？

更有人说东湖里有水怪。各方各执一词，但谁也说服不了谁，人们莫衷一是。

最后，一系列天文专家、气象专家、水利专家等纷纷来现场考察、分析、研究，专家解释，此事是由下击暴流引起的自然灾害现象。东湖潮湿的湖岸使得大地电荷与气层电荷相碰撞，如同洪水溃堤一般，集中一点释放能量，爆发了下击暴流，产生了这一现象。

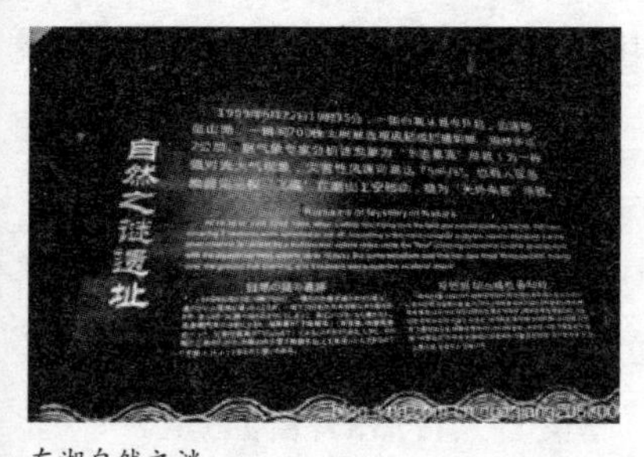

东湖自然之谜

至此，“东湖倒树事件”似乎得出了科学结论。但是，人们还是信疑参半。更多人愿意怀着一份对宇宙、对神秘大自然的怀疑和敬畏。

8 年后，2007 年 1 月 4 日，中央电视台《走近科学》栏目播出专题片《磨山诡道》，聚焦这一怪象，解读磨山“自然之谜”。用科学的论据消除人们封建迷信的观点，引导人们科学的世界观。节目中，天文、水利等行业专家用事实对种种怪诞的传言进行了驳斥，认为“磨山倒树之谜”确系下击暴流气象灾害所致。

但是，直到今天，仍有不少人质疑这一解释：古往今来，古今中外，有过类似事件的记载吗？无论上击还是下击，暴风还是暴流，有谁听说过刮风折断的树木如斧劈刀削般整齐？有谁见过缥缈的白雾从水面飞起、腾空，然后又退回水底去？

如今，东湖磨山景区在倒树原址上建成了“自然之谜”遗址，当年发生磨山诡道”的环山路上，竖着一块“自然之谜遗址”石碑。碑文写道：

1999 年 6 月 22 日 19 时 35 分，一团白雾从湖中升起，迅速移至山坳。700 株大树被连根拔起或拦腰斩断。有人认为磨山与世界七大谜之一的百慕大三角相对，此纬度多发怪事。还有人曾于五年前的晚上看见三枚‘飞碟’在磨山上空移动，更有人称此应为天外来客所致。

游客可沿着新建的林间小道、当年的“磨山诡道”游览“自然之谜”全景，清楚地看到当年大风吹过形成的风道及倒树现场景象。据说，央视专题片《磨山诡道》播出后，慕名前来参观“自然之谜”的游客骤然增多，人们身临其境，感受着大自然的神秘力量。

磨山“自然之谜”，成为东湖新的景观。

主要参考书目

[1] 任桐 . 沙湖志 .1926 年 .

[2] 涂文学 . 东湖史话 [M]. 武汉：武汉出版社，2004 年 .

[3] 石大鸿 . 好美一个湖 [M]. 武汉：武汉出版社，2010 年 .

[4] 刘文海 . 东湖的故事 .

[5] 朱家湘口述，周守玉执笔 . 东湖的传说 .

[6] 张治平，刘小兵. 东湖. 武汉：武汉出版社，2011.

[7] 武汉市园林局编. 武汉风景名胜集. 武汉：武汉大学出版社. 1993.

[8] 徐焕斗著. 汉口小志. 1915.

[9] 瞿蜕园，朱金城. 李白集校注. 上海：上海古籍出版社出版，2007.

[10] 卞孝萱、卞敏著. 刘禹锡评传. 南京：南京大学出版社出版，2011.

后记

为贯彻落实习近平总书记在全国宣传思想工作会议上提出的“讲好中国故事，传播好中国声音”的讲话精神，长江出版社适时推出“大武汉故事丛书”，《武汉东湖故事》是这套丛书首批出版的图书之一。

《武汉东湖故事》由武汉市档案馆的陈丽芳女士和江夏区作协刘桂英共同撰写。全书分四部分，陈丽芳撰写前言及第二、三部分，刘桂英撰写第一、四部分和后记。

《武汉东湖故事》涵盖了远古至近现代武汉东湖风景区及其周边地区相关的神话故事、民间传说、历史人物、名人传奇以及主要景观等，以时间为纵轴，按照事件发生的年代先后，以讲故事的方式全面讲述了东湖的历史人文与自然风貌，书末以单篇整体介绍了东湖各大景区的主要景点，每一篇章配有相关图片，力求图文并茂，通俗易懂。

在撰写本书过程中，作者多方查找有关东湖的历史、人文资料，搜集了大量素材，认真甄选，并多次深入东湖景区，获取第一手材料，最后撰写成文，希望能展示给读者一个不一样的东湖，为宣传好大武汉略尽绵力。

在撰写过程中，我们参考了几位东湖方家的观点（具体书目和文章见附录），武汉市档案馆、武汉科技大学老干处摄影协会提供部分图片，在此表示诚挚的谢意！

由于作者水平有限，加之时间仓促，书中难免疏漏和错误，恳请学者专家批评指正，不胜感激！

编者

2015年9月